国家级 骨干高职院校建设 规划教材

制药企业管理与GMP实务

- 段立华 李洪 主编
- 高西耕 主审

ZHIYAO QIYE GUANLI YU GMP SHIWU

化学工业出版社

·北京·

本书从药品、非药品识别出发,全面阐述药品质量管理以及 GMP 在实际药品生产过程中的具体应用。全书按照 2010 版 GMP 要求和药品生产工作过程共选取了 12 个项目。分别是识别药品与非药品;识别合格药品与假劣药;认识药品质量管理;认识药品生产质量管理规范(GMP);GMP 之机构人员实务;GMP 之厂房、设施、设备实务;如何进出生产车间;生产前的准备与查证;如何填写生产文件;如何清场;如何取样、检验;如何进行验证。

本书可作为高职高专制药技术类专业教材,也可供制药企业生产、管理人员参考。

图书在版编目(CIP)数据

制药企业管理与 GMP 实务/段立华,李洪主编.—北京:
化学工业出版社,2013.8(2019.6重印)
国家级骨干高职院校建设规划教材
ISBN 978-7-122-17719-3

Ⅰ.①制… Ⅱ.①段…②李… Ⅲ.①制药工业-工业企业管理-质量管理-高等职业教育-教材 Ⅳ.① F407.763

中国版本图书馆 CIP 数据核字(2013)第 137793 号

| 责任编辑:于 卉 | 文字编辑:赵爱萍 |
| 责任校对:宋 玮 | 装帧设计:尹琳琳 |

出版发行:化学工业出版社(北京市东城区青年湖南街 13 号 邮政编码 100011)
印 刷:北京京华铭诚工贸有限公司
装 订:三河市振勇印装有限公司
787mm×1092mm 1/16 印张 10½ 字数 268 千字 2019 年 6 月北京第 1 版第 7 次印刷

购书咨询:010-64518888   售后服务:010-64518899
网   址:http://www.cip.com.cn
凡购买本书,如有缺损质量问题,本社销售中心负责调换。

定 价:35.00元   版权所有 违者必究

序

PREFACE

配合国家骨干高职院校建设，推进教育教学改革，重构教学内容，改进教学方法，在多年课程改革的基础上，河北化工医药职业技术学院组织教师和行业技术人员共同编写了与之配套的校本教材，经过3年的试用与修改，在化学工业出版社的支持下，终于正式编印出版发行，在此，对参与本套教材的编审人员、化学工业出版社及提供帮助的企业表示衷心感谢。

教材是学生学习的一扇窗口，也是教师教学的工具之一。好的教材能够提纲挈领，举一反三，授人以渔，而差的教材则洋洋洒洒，照搬照抄，不知所云。囿于现阶段教材仍然是教师教学和学生学习不可或缺的载体，教材的优劣对教与学的质量都具有重要影响。

基于上述认识，本套教材尝试打破学科体系，在内容取舍上摒弃求全、求系统的传统，在结构序化上，从分析典型工作任务入手，由易到难创设学习情境，寓知识、能力、情感培养于学生的学习过程中，并注重学生职业能力的生成而非知识的堆砌，力求为教学组织与实施提供一种可以借鉴的模式。

本套教材涉及生化制药技术、精细化学品生产技术、化工设备与机械和工业分析与检验4个专业群共24门课程。其中22门专业核心课程配套教材基于工作过程系统化或CDIO教学模式编写，2门专业基础课程亦从编排模式上做了较大改进，以实验现象或问题引入，力图抓住学生学习兴趣。

教材编写对编者是一种考验。限于专业的类型、课程的性质、教学条件以及编者的经验与能力，本套教材不妥之处在所难免，欢迎各位专家、同仁提出宝贵意见。

河北化工医药职业技术学院　院长　柴锡庆
2013年4月

前言
FOREWORD

药品属于特殊商品，药品质量直接关系到老百姓的生命健康，药品生产过程必须规范。为了进一步提升药品生产质量，国家食品药品监督管理局2010年对《药品生产质量管理规范》（简称GMP）进行了修订。本教材是在2010版《药品生产质量管理规范》颁布实施，药品生产企业按照新的认证要求进行GMP改造的背景下，依据2010版《药品生产质量管理规范》进行编写的。

本课程是制药工程类专业学生的必修课程，目前已经遴选为国家骨干院校建设项目制药类专业教改课程。本课程是学生在学习制药工程技术知识的基础上，了解药品及药品质量管理的要求，尤其要重点学习药品生产质量管理规范的内容以及在实际工作岗位上的运用，能按照GMP的要求进行规范操作，从而保障药品生产质量。建议学时50左右。

本教材是根据全国高职高专制药技术类专业课程基本要求编写的。编者结合有关制药企业对质量管理的要求，对全国部分高职院校的制药技术专业人才培养计划进行了认真的调研，组织有关教师对于本专业设课要求和编写提纲进行讨论交流，邀请华北制药集团威可达制药有限公司高西耕和石家庄以岭药业有限公司张彦会等专家进行了审阅。专家学者一致认为本教材编写采取基于药品生产工作过程项目教学方式，对提升学生理解并实际应用GMP有非常好的促进作用，编写理念新颖。

全书按照GMP要求和药品生产工作过程共选取了12个项目，河北化工医药职业技术学院段立华编写项目1和2，河北化工医药职业技术学院赵璇编写项目3和4、广东食品药品职业学院陈宪编写项目5，广东食品药品职业学院刘丽、河北化工医药职业技术学院谢俊霞编写项目5和8，河北化工医药职业技术学院相会欣编写项目6，河北化工医药职业技术学院李洪编写项目7，河北工程大学高玉梅编写项目9，北京康仁堂药业有限公司黄美荣编写项目10，河北化工医药职业技术学院边虹铮编写项目11，河北化工医药职业技术学院郝六平编写项目12。全书由段立华、李洪进行统稿并担任主编，华北制药集团维尔康药业高西耕担任主审。在教材编写过程中，参考了有关专家、学者的论著、教材和论文，对于他们的辛勤劳动表示感谢。

由于编者水平有限，书中不足之处，恳请广大师生和读者提出宝贵的意见，以便进一步修改和完善，为制药技术类专业的高职教育事业贡献微薄之力。

编者
2013.2

目录
CONTENTS

项目一　识别药品与非药品　/1

　　任务一　识别药品与药品批准文号　/1
　　　　一、实训目标　/1
　　　　二、实训情景　/1
　　　　三、相关知识　/1
　　　　四、识别药品与非药品实训过程　/1
　　　　五、实训巩固任务　/6
　　任务二　认识药品的特殊性与药品不良反应　/6
　　　　一、实训目标　/6
　　　　二、实训情景　/7
　　　　三、相关知识　/7
　　　　四、药品特殊性与药品不良反应实训过程　/8
　　　　五、实训巩固任务　/9

项目二　识别合格药品与假劣药　/10

　　任务一　判断药品质量合格的标准——药品
　　　　　　质量标准与药品质量检验　　　　　　/10
　　　　一、实训目标　/10
　　　　二、实训情景　/10
　　　　三、相关知识　/10
　　　　四、药品质量标准实训过程　/13
　　　　五、实训巩固任务　/20
　　任务二　认识不合格药品假劣药　/20
　　　　一、实训目标　/20
　　　　二、实训情景　/20
　　　　三、相关知识　/20
　　　　四、假劣药案例分析实训过程　/21
　　　　五、实训巩固任务　/22
　　任务三　认识药品外在质量——药品包装标签说明书　/23
　　　　一、实训目标　/23
　　　　二、实训情景　/23
　　　　三、相关知识　/23
　　　　四、药品包装合格与否实训过程　/24

五、实训巩固任务 /24

项目三　认识药品质量管理　/26

任务一　认识质量管理　/26
　　一、实训目标　/26
　　二、实训情景　/26
　　三、相关知识　/26
　　四、药品质量管理重要性案例分析实训过程　/29
　　五、实训巩固任务　/30

任务二　认识全面质量管理（TQM）与PDCA循环　/30
　　一、实训目标　/30
　　二、实训情景　/30
　　三、相关知识　/30
　　四、PDCA循环实训过程　/31
　　五、实训巩固任务　/31

任务三　药物非临床研究质量管理规范（GLP）　/32
　　一、实训目标　/32
　　二、实训情景　/32
　　三、相关知识　/32
　　四、GLP实训过程　/32
　　五、实训巩固任务　/35

任务四　药物临床试验质量管理规范（GCP）　/35
　　一、实训目标　/35
　　二、实训情景　/36
　　三、相关知识　/36
　　四、认识GCP实训过程　/36
　　五、实训巩固任务　/40

任务五　药品经营质量管理规范（GSP）　/40
　　一、实训目标　/40
　　二、实训情景　/40
　　三、相关知识　/40
　　四、认识GSP实训过程　/41
　　五、实训巩固任务　/43

任务六　中药材生产质量管理规范（GAP）　/43
　　一、实训目标　/43
　　二、实训情景　/43
　　三、相关知识　/43
　　四、认识GAP实训过程　/44
　　五、实训巩固任务　/44

项目四　认识药品生产质量管理规范（GMP）　/45

　　一、实训目标　/45

二、实训情景　/45
三、相关知识　/45
四、认识 GMP 实训过程　/46
五、实训巩固任务　/48

项目五　GMP 之机构人员实务　/49

任务一　药品生产企业组织机构图解析　/49
一、实训目标　/49
二、实训情景　/49
三、相关知识　/49
四、药品生产企业组织机构解析实训过程　/50
五、实训巩固任务　/50

任务二　提供药品生产企业各岗位人员 GMP 认证资料　/50
一、实训目标　/50
二、实训情景　/51
三、相关知识　/51
四、提供 GMP 认证人员资料实训过程　/51
五、实训巩固任务　/52

任务三　药品生产企业人员培训　/52
一、实训目标　/52
二、实训情景　/53
三、相关知识　/53
四、药品生产企业人员培训实训过程　/54
五、实训巩固任务　/55

项目六　GMP 之厂房、设施、设备实务　/56

任务一　制药生产企业参观——厂址选择　/56
一、实训目标　/56
二、实训情景　/56
三、相关知识　/56
四、厂址选择实训过程　/57
五、实训巩固任务　/57

任务二　药品生产企业厂区布局解析　/58
一、实训目标　/58
二、实训情景　/59
三、相关知识　/59
四、厂区布局实训过程　/61
五、实训巩固任务　/62

任务三　GMP 有关设施设备实务　/63
一、实训目标　/63
二、实训情景　/63
三、相关知识　/64

四、制药设施设备实训过程　/65
五、实训巩固任务　/67

项目七　如何进出生产车间　/69

任务一　人员如何进出药品生产车间　/69
一、实训目标　/69
二、实训情景　/69
三、相关知识　/69
四、药品生产人员进出生产车间实训过程　/71
五、实训巩固任务　/74

任务二　物料如何进出药品生产车间　/74
一、实训目标　/74
二、实训情景　/74
三、相关知识　/75
四、物料进出药品生产车间实训过程　/78
五、实训巩固任务　/79

项目八　生产前物料和查证准备　/80

任务一　文件的准备　/80
一、实训目标　/80
二、实训情景　/80
三、相关知识　/80
四、文件准备实训过程　/81
五、实训巩固任务　/83

任务二　物料的准备　/84
一、实训目标　/84
二、实训情景　/84
三、相关知识　/84
四、物料准备实训过程　/86
五、实训巩固任务　/88

任务三　生产区及设施、设备准备　/89
一、实训目标　/89
二、实训情景　/89
三、相关知识　/89
四、厂区、设施设备准备实训过程　/90
五、实训巩固任务　/93

任务四　查　证　/93
一、实训目标　/93
二、实训情景　/93
三、相关知识　/94
四、查证实训过程　/94
五、实训巩固任务　/95

项目九　如何填写生产文件 /96

任务一　GMP文件分类编码、制订实训 /96
一、实训目标 /96
二、实训情景 /96
三、相关知识 /96
四、GMP文件分类、编码实训过程 /97
五、实训巩固任务 /101

任务二　填写生产记录实训 /101
一、实训目标 /101
二、实训情景 /101
三、相关知识 /101
四、填写生产记录实训过程 /104
五、实训巩固任务 /105

任务三　解析生产工艺规程、岗位操作法等生产文件 /109
一、实训目标 /109
二、实训情景 /109
三、相关知识 /110
四、生产工艺规程、岗位操作法解析实训过程 /112
五、实训巩固任务 /117

项目十　如何清场 /118

任务一　环境清场实训 /118
一、实训目标 /118
二、实训情景 /118
三、相关知识 /118
四、环境清场实训过程 /122
五、实训巩固任务 /124

任务二　设备清场实训 /124
一、实训目标 /124
二、实训情景 /124
三、相关知识 /125
四、设备清场实训过程 /125
五、实训巩固任务 /127

项目十一　如何取样、检验 /128

任务一　认识质量控制（QC）与质量保证（QA） /128
一、实训目标 /128
二、实训情景 /128
三、相关知识 /128
四、药品质量保证与质量控制实训过程 /129
五、实训巩固任务 /131

任务二　取样实训　/131
　　一、实训目标　/131
　　二、实训情景　/131
　　三、相关知识　/131
　　四、取样实训过程　/134
　　五、实训巩固任务　/134
任务三　药品检验操作规程解析　/135
　　一、实训目标　/135
　　二、实训情景　/135
　　三、相关知识　/135
　　四、药品检验操作规程解析实训过程　/136
　　五、实训巩固任务　/139

项目十二　如何进行验证　/141

任务一　验证案例分析　/141
　　一、实训目标　/141
　　二、实训情景　/141
　　三、相关知识　/141
　　四、验证案例分析实训过程　/142
　　五、实训巩固任务　/143
任务二　验证方案解析　/143
　　一、实训目标　/143
　　二、实训情景　/143
　　三、相关知识　/143
　　四、验证方案解析实训过程　/144
　　五、实训巩固任务　/151
任务三　制订电子天平验证方案　/151
　　一、实训目标　/151
　　二、实训情景　/151
　　三、相关知识　/152
　　四、起草验证方案实训过程　/152
　　五、实训巩固任务　/155

参考文献　/156

项目一 识别药品与非药品

>>> 任务一 识别药品与药品批准文号

一、实训目标

知识目标

掌握药品的定义、质量特征；熟悉药品不良反应；了解药品特殊性；掌握药品的批准文号。

技能目标

根据药品的定义，分析商品包装上的批准文号，判断是药品还是保健品。

素质目标

培养学生认真、科学的从业精神，对于药品，要按照国家有关药品的规定规范从业，尤其不能介绍药品能包治百病，没有毒副作用。培养学生药学职业道德。

二、实训情景

1. 准备各种药品与非药品包装、标签、说明书，学生分组识别药品与非药品。
2. 具备互联网的仿真教室，学生分组练习、核实老师展示的药品。

三、相关知识

药品：是指用于预防、治疗、诊断人的疾病，有目的地调节人的生理功能并规定有适应证或者功能主治、用法和用量的物质，包括中药材、中药饮片、中成药、化学原料药及其制剂、抗生素、生化药品、放射性药品、血清、疫苗、血液制品和诊断药品等。

生产新药或者已有国家标准的药品的，须经国务院药品监督管理部门批准，并发给药品批准文号；但是，生产没有实施批准文号管理的中药材和中药饮片除外。实施批准文号管理的中药材、中药饮片品种目录由国务院药品监督管理部门会同国务院中医药管理部门制定。

药品合法证明——药品批准文号：国药准字＋1位字母＋8位数字。试生产药品批准文号格式：国药试字＋1位字母＋8位数字。进口药品批准文号格式：1位字母＋8位数字。

化学药品使用字母"H"，中药使用字母"Z"，通过国家食品药品监督管理总局整顿的保健药品使用字母"B"，生物制品使用字母"S"，体外化学诊断试剂使用字母"T"，药用辅料使用字母"F"，进口分包装药品使用字母"J"。

四、识别药品与非药品实训过程

多媒体展示图片或展示实物包装。

（一）黄金搭档是药品吗（见图1-1）？如何判断药品？

答：黄金搭档不是药品，商品包装上没有药品批准文号。取而代之的是保健食品标识与批准文号：国食健字 G20070097。

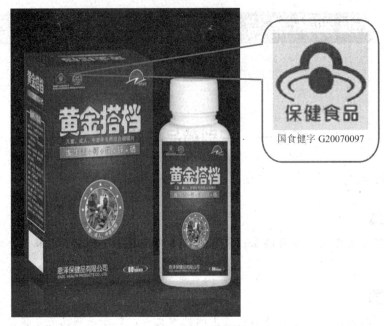

图 1-1　黄金搭档

（二）善存是药品吗（图 1-2）？

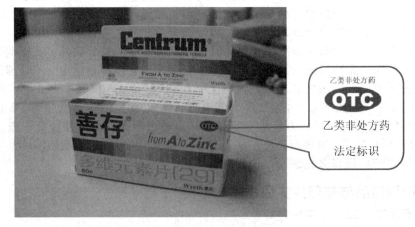

图 1-2　善存

答：善存是药品。既有药品批准文号（国药准字 H10950026），又有非处方药标识。

乙类非处方药

（三）闪亮是药品吗？展示实物包装（图1-3）。

图 1-3　闪亮

答：闪亮不是药品，因为批准文号格式为：陕食药监健用字 06050190 号。与药品批准文号格式不符。

（四）润洁是药品吗？展示实物包装（图1-4）。

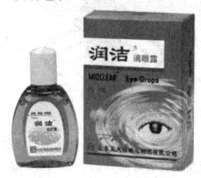

图 1-4　润洁

答：润洁是药品。包装上有药品批准文号：国药准字 H20040653。

（五）口腔抗菌喷剂是药品吗（图1-5）？

答：口腔抗菌喷剂不是药品。没有药品批准文号，取而代之的是：云卫消证字（2008）第 0026 号。

图 1-5　口腔抗菌喷剂

（六）金银花含片是药品吗？展示包装（图1-6）。

图1-6 金银花含片

答：金银花含片不是药品，是保健品。没有药品批准文号，有保健品标识和保健品批准文号：国食健字G20060365。

（七）有药品批准文号就一定是药品吗？有没有假冒的药品批准文号，如何核实？

答：一定登录国家食品药品监督管理总局的官方网页，核实药品批准文号。有些药品可能已经被撤销药品批准文号，但包装上依旧有药品批准文号。有些药品批准文号是假冒其他药品批准文号。核实的步骤如下。

第一步：登录www.sda.gov.cn（图1-7）。

第二步：点击"数据查询"（图1-8）。

第三步：点击国产药品或进口药品（图1-9）。

第四步：输入核实的药品名称。点击查询。显示的信息与包装、标签、说明书信息相符即为合格药品，否则为不合格品。

图 1-7　第一步：登录

图 1-8　第二步：数据查询

图1-9 第三步:点击国产药品或进口药品

五、实训巩固任务

1. 判断亮嗓是否为药品?
2. 按要求核实地奥心血康的批准文号:国药准字 Z20060616。

>>> 任务二 认识药品的特殊性与药品不良反应

一、实训目标

知识目标

掌握药品的不良反应,理解药品的特殊性。

技能目标

学生能根据典型案例分析药品的特点。

素质目标

培养学生质量第一的意识,能根据国家相关规定规范从业。

二、实训情景

1. 多媒体教室，具备上网条件。
2. 教师提供各种有关药品的案例，学生分组讨论、分析。

三、相关知识

（一）药品的特殊性

（1）**药品作用的两重性** 药品可以防病治病、康复保健，但多数药品又有不同程度的毒副作用。如管理得当，使用合理，就可治病救人，保护健康，造福人类。反之，管理混乱，使用不当，则危害人们的生命安全和身体健康，破坏社会生产力，甚至祸国殃民，产生严重后果。这两重性说明加强药品管理，防止误用、滥用的重要性。

（2）**药品作用的专用性** 大部分药品只有在医生的指导下合理使用，才能达到防病治病和保护健康的目的。若滥用药物就很有可能造成中毒或产生药源性疾病。据文献报告，美国现住院病人中约有1/7是由于用药不当而住院的。据世界卫生组织统计，全世界死亡的病人中，有1/3是死于用药不当。

（3）**药品质量的重要性** 药品质量关系到病人的安危，因此至关重要。符合质量标准要求，才能保证疗效，不符合标准要求，则意味着疗效得不到保证。所以，进入流通渠道的药品，只允许有合格品，绝对不允许有次品或等外品。为此，国家授权卫生部组织医药专家制定并颁布药品标准，未经卫生部批准，任何个人或单位都不得更改。所有不合格的药品不准出厂、销售或使用。

（4）**药品使用的限时性** 药品是治疗疾病的物质，这就要求药品生产、经销部门及医疗卫生单位对药品要有适当的储备。但因药品有一定的有效期，所以要注意储备的数量。

（5）**药品等级的一致性** 一般商品往往有等级之分，所谓一等品、二等品、等外品等，甚至残次品亦可削价销售。而药品只有合格与不合格之分，凡不合格的药品绝不能出厂、销售和使用，否则，就是违法。

（6）**药品质量监督管理的科学性** 药品质量的优劣、真伪，一般消费者难以辨别，必须由专门的技术人员和专门机构，依据法定标准，应用合乎要求的仪器设备、可靠的方法，才能作出鉴定或评价。世界各国均设有专门的药品检验机构。中国除有中国药品生物制品检定所及各省级市级药检所等外，还在所有的三级医院和部分二级甲等医院设有药检室，除负责本院制剂的检验外，还负责外购药品质量的检测。

（二）药品质量特征

（1）**有效性** 是指药品在规定的适应证或者功能主治、用法和用量的条件下，能满足预防、治疗、诊断人的疾病，有目的地调节人的生理功能的性能。有效性是药品的基本特征。

（2）**安全性** 是指药品在按规定的适应证或者功能主治、用法和用量使用的情况下，对用药者生命安全的影响程度。安全性也是药品的基本特征。

（3）**稳定性** 是指药品在规定的条件下保持其有效性和安全性的能力。是药品的重要特征。

（4）**均一性** 是指药品的每一单位产品（如一片药、一支注射剂或一箱料药等）都符合有效性、安全性的规定要求，也是药品的重要特征。

（5）**经济性** 是指药品生产、流通过程中形成的价格水平。

完整的药品质量的概念除了包括以上方面以外（即药品的核心质量），还应该包括直接接触药品的包装材料和容器的质量、药品的包装标签说明书的质量、药品广告的质量。

（三）药品不良反应

是指合格药品在正常用法用量下出现的与用药目的无关的或意外的有害反应。药品不良反应实行逐级、定期报告制度，必要时可以越级报告。

四、药品特殊性与药品不良反应实训过程

（一）药品作用两重性案例分析

案例一：非那西丁系解热镇痛药，1953年以后许多欧洲国家，特别是瑞士，当时的西德和捷克等国家忽然发现肾脏病人大量增加，经过调查证实，主要是由于服用"非那西丁"所致。这种病例欧洲报告了2000例，美国报告了100例，加拿大报告了45例，有几百人死于慢性肾功能衰竭。有关国家政府采取紧急措施，限制含非那西丁的药物出售。此后，这类肾脏损害病人的数目就明显下降。但是也有证据表明，有的病人即使停用非那西丁长达8年以后，还可因肾功能衰竭死亡。

案例二：2001年8月8日，拜耳公司宣布：即日起从全球市场（除日本外）主动撤出其降低胆固醇药物拜斯亭（西立伐他汀）。拜耳公司做出这一决定的主要原因是因为有越来越多的报告证实，拜斯亭单用及与吉非罗齐联合使用时，导致肌肉无力和致死性横纹肌溶解的不良反应。横纹肌溶解是一种罕见的潜在威胁生命的不良反应，开始的症状为肌肉无力、疼痛，严重的可能引起肾脏损害。

案例分析：药品可以防病治病、康复保健，但多数药品又有不同程度的毒副作用。如管理得当，使用合理，就可治病救人，保护健康，造福人类。反之，管理混乱，使用不当，则危害人们的生命安全和身体健康，破坏社会生产力，甚至祸国殃民，产生严重后果。

（二）药品作用的专用性案例分析

案例三：据央视2006年4月10日《每周质量报告》报道，北京一家知名医院曾经救治过一位年轻的患者，医生竭尽全力为这位患者试用了多种类型的抗生素，都遏制不了病情的发展，即便药效最强的万古霉素，对这个患者也没有效果，患者最终死亡了。对尸体的检查结果出人意料！发现他的体内存在着大量的耐药菌的感染，而且目前使用的这些抗生素对这些耐药菌是无效的！死者体内的那种致人死亡的耐药菌又是何方神圣呢？原来，这种能耐多种抗生素的多重耐药肠球菌竟然是死者自己买抗生素在自己体内"培养"的：死者生前每天在单位食堂吃饭，他特别顾虑单位食堂不干净，可能会有一些细菌在里面。所以，他每次吃完饭以后都要吃两粒抗生素。天天吃，日积月累，最后就出了问题。一年以后的一天，他突然发热、咳嗽、咳痰，然后就不治而亡了。

案例分析：大部分药品只有在医生的指导下合理使用，才能达到防病治病和保护健康的目的。若滥用药物就很有可能造成中毒或产生药源性疾病。

案例四：小杨是一名跨国公司的白领，平时工作很忙，身体有一些不适也顾不上去医院。最近气温变化，他受凉后出现了头痛、鼻塞症状，咳嗽不止。听同事说，某止咳露效果很好，他就自己到药店买了白加黑感冒片和止咳露。按照说明书，止咳露每日3次口服，每次15毫升。第二天，症状并未缓解，咳嗽依旧。他想多喝些药会好得快，于是一口气喝掉1瓶，几个小时后又喝掉1瓶，终于感觉咳嗽减轻了。接下来的几天里，他同样每天超量服用，先前昏沉的头脑逐渐变清醒了，同时，有一种特别舒服的快乐感觉。一段时间后，鼻塞和咳嗽症状全都消失，他却忍不住还想喝药，甚至到了无法摆脱的地步，总是不由自主地去药店买止咳药水。不喝药的日子里，他变得无精打采、浑身无力，伴有失眠和头痛，严重影响工作，不得不求医治疗。

案例分析：止咳药水所含有的磷酸可待因，是毒品"摇头丸"的主要成分之一，不仅有很强的镇咳、镇痛和镇静作用，也具有欣快作用和成瘾性。虽然止咳药水的这些作用远远小于吗啡、海洛因之类的强力麻醉剂，但无节制服用还是会引起不良反应发生。小杨服用的某止咳露就是一种含磷酸可待因的复方口服溶液，药液中还有麻黄碱成分，能松弛支气管平滑

肌，起到平喘作用。一般情况下，按说明书用药是安全有效的。如果长期大剂量服用，两种成分叠加，会让人产生幻觉，极易造成滥用，损害健康，甚至危及生命。

（三）药品质量的重要性案例分析

案例五：2010年9月8日，上海市第一人民医院数十位眼疾患者，因注射一种叫做"阿瓦斯汀（Avastin）"的药剂，导致失明。就此事件，国家药监局回应称，确定在上海市第一人民医院使用的、标示为罗氏公司生产、批号为B6001B01的Avastin药品为假药。据媒体调查称，涉事药品是上海第一人民医院眼科某位副主任医师从一名中国香港籍医师手中购得。

案例分析：药品生产企业、药品经营企业、医疗机构必须从具有药品生产、经营资格的企业购进药品；但是，购进没有实施批准文号管理的中药材除外。医疗机构购进药品，必须建立并执行进货检查验收制度，验明药品合格证明和其他标识；不符合规定要求的，不得购进和使用。案例五中药品阿瓦斯汀（Avastin）是上海第一人民医院眼科某位副主任医师从一名中国香港籍医师手中购得。购进渠道不合法，也没有执行进货检查验收制度，所以购进药品为假药。

案例六：有些药店为了招揽生意，把一些药品放在橱窗或阳光照射下的货架上，易使药品分解产生不良后果。如维生素C片、注射液遇光线及高温后氧化变黄，生成三羟基丁酸及草酸而失效。维生素E胶囊剂、含维生素E的软膏剂，遇光后易氧化变黄，应避光保存。

案例分析：药品的储存条件直接影响药品质量。药品要按照规定的温湿度进行存放。

案例七：某些药品在宣传材料中出现"国家级新药"、"国家优质产品"等词语。

案例分析：药品只有合格与不合格之分，凡不合格的药品绝不能出厂、销售和使用，否则，就是违法。药品的质量标准全部都是国家药品质量标准，不分优等品、残次品、处理品，也没有省优、部优、国家级优秀等等级之分。

（四）药品不良反应监测案例分析

案例八：2000年11月6日，美国食品和药物管理局（FDA）发布了停用含有苯丙醇胺（PPA）成分的药物的通知，因为耶鲁大学的一项研究结果表明，服用含有PPA成分的制剂容易引起过敏、心律失常、高血压、失眠等严重不良反应，甚至还可能引发心脏病和脑卒中。我国政府出于对人民用药安全的考虑，作出了暂停使用和销售含PPA药品的决定。

案例分析：药品作用存在两重性，但新药的问世主要根据动物实验和小范围的临床试验结果，因而带有一定的局限性。为最大限度地发挥药物治病救人的目的，降低药物给人类带来的痛苦，就必须加强上市药物的监测即药品不良反应的监测。PPA事件是药品不良反应监测的重要成果，为人民合理用药提供了保证。

五、实训巩固任务

案例分析：欧洲和美国药物监管机构日前宣布，由于糖尿病药物文迪雅（Avandia）有引发心血管疾病的风险，这种药物的销售将在欧洲遭禁止并在美国受到限制。文迪雅是葛兰素史克公司1999年推出的一种治疗糖尿病的药物。近来多份研究显示，它会增加服用者患心脏病的风险，因此在多个国家受到重新评估。

答：药品作用的两重性：文迪雅在治疗糖尿病的同时存在引发心血管疾病的风险。为了减轻药品的不良反应，必须对药品的不良反应进行监测。欧洲和美国药物监管机构的决定正是药品的不良反应监测重要性的体现。

项目二 识别合格药品与假劣药

>>> 任务一 判断药品质量合格的标准——药品质量标准与药品质量检验

一、实训目标

知识目标

掌握药品标准的内涵,了解药品质量监督检验。

技能目标

能查阅《中华人民共和国药典》2010 版,以下简称《中国药典》。

素质目标

培养学生质量意识。判断药品合格与否,最主要的依据是药品质量标准。培养学生法律意识,药品质量监督检验是保证药品质量合格的重要手段。

二、实训情景

多媒体教室,中国药典(纸质版或电子版)。

三、相关知识

(一)药品质量标准

国家对药品质量规格及检验方法所作出的技术规定,是药品生产、供应、使用、检验和管理部门共同遵循的法定依据。

《药品生产质量管理规范(2010 年修订)》第一百六十四条规定物料和成品应当有经批准的现行质量标准;必要时,中间产品或待包装产品也应当有质量标准。

第一百六十五条规定物料的质量标准一般应当包括:

(1)物料的基本信息 ①企业统一指定的物料名称和内部使用的物料代码;②质量标准的依据;③经批准的供应商;④印刷包装材料的实样或样稿;

(2)取样、检验方法或相关操作规程编号;

(3)定性和定量的限度要求;

(4)贮存条件和注意事项;

(5)有效期或复验期。

第一百六十六条规定外购或外销的中间产品和待包装产品应当有质量标准;如果中间产品的检验结果用于成品的质量评价,则应当制定与成品质量标准相对应的中间产品质量标准。

第一百六十七条规定成品的质量标准应当包括：
(1) 产品名称以及产品代码；
(2) 对应的产品处方编号（如有）；
(3) 产品规格和包装形式；
(4) 取样、检验方法或相关操作规程编号；
(5) 定性和定量的限度要求；
(6) 贮存条件和注意事项；
(7) 有效期。
(二) 国家药品标准

国家药品标准是指国家食品药品监督管理局颁布的《中国药典》、药品注册标准和其他药品标准，其内容包括质量指标、检验方法以及生产工艺等技术要求。药品注册标准，是指国家食品药品监督管理总局批准给申请人特定药品的标准、生产该药品的药品生产企业必须执行该注册标准。但也是属于国家药品标准范畴。

根据使用范围的不同，药品质量标准分为以下几种。

1. 法定药品质量标准

(1) 《中国药典》 由国家食品药品监督管理局药典委员会编纂，经国务院批准后，国家食品药品监督管理局颁布执行。《中国药典》主要包括凡例、正文、附录和索引四部分。

(2) 中华人民共和国药品监督管理局标准（简称局颁标准或局标准） 局标准也由药典委员会编纂出版，药品监督管理局颁布执行。局标准通常用于疗效较好、在国内广泛应用、准备今后过渡到药典品种的质量控制标准。有些品种虽不准备上升到药典，但因国内有多个厂家生产，有必要执行统一的质量标准，因而也被收入局标准。此外，局标准中还收载了少数上一版药典收载，而新版药典未采用的品种。

2. 临床研究用药品质量标准

根据我国药品管理法的规定，已在研制的新药，在进行临床试验或使用之前应先得到药品监督管理局的批准。为了保证临床用药的安全和使临床的结论可靠，药品监督管理局需要新药研制单位根据药品临床前的研究结果制订一个临时性的质量标准，该标准一旦获得药品监督管理局的批准，即为临床研究用药品质量标准。临床研究用药品质量标准仅在临床试验期间有效，并且仅供研制单位与临床试验单位使用。

3. 暂行、试行药品质量标准

新药经临床试验或使用后，报试生产时所制订的药品质量标准称"暂行药品标准"。该标准执行两年后，如果药品质量稳定，则药品转为正式生产，此时药品标准称为"试行药品标准"。如该标准执行两年后，药品的质量仍很稳定，则"试行药品标准"将经国家药品监督管理局批准上升为局标准。

4. 企业标准

由药品生产企业自己制订并用于控制相应药品质量的标准，称为企业标准或企业内部标准。企业标准仅在本厂或本系统的管理中有约束力，属于非法定标准。企业标准一般属于两种情况之一：它们或是所用检验方法虽不够成熟，但能达到某种程度的质量控制；或是高于法定标准的要求（主要是增加了检验项目或提高了限度要求）。企业标准在企业竞争、创优，特别是保护优质产品、严防假冒等方面均起到了十分重要的作用。

(三) 药品质量标准的主要内容

我国的药品生产必须执行国家药品标准。药品质量标准主要由如下项目组成。

1. 名称

包括中文名称、英文名和化学名。中文名称按照《中国药品通用名称》推荐的名称和命名原则命名，一般与外文名相对应（即音对应、意对应）；英文名一般采用世界卫生组织编订的国际非专利药名（International Nonproprietary Names for Pharmaceutical Substances，INN）；化学名称则是根据中国化学会编写的、科学出版社出版的《有机化学命名原则》，并参考国际纯粹与应用化学联合会（Inter national Union of Pure and Applied Chemistry，简称IUPAC）公布的有机化学命名原则命名。

2. 性状

药品的性状是药品质量的重要表征之一。性状项下记述了药品的外观、臭、味、一般稳定性、溶解度以及物理常数等。其中，外观指药品存在状态、颜色。臭、味是药品本身固有的气、味，非指因混入残留有机溶剂而带入的异臭和异味。一般稳定性指药物是否具有引湿、风化、遇光变质等与贮藏有关的性质。溶解度、物理常数一定程度上反映了药品的纯度。臭、味、一般稳定性、溶解度等属于一般性描述，一般不作为检测项目。性状项下规定的内容不仅对药物具有鉴别意义，也在一定程度上反映药品的纯度及疗效。

3. 鉴别

药物的鉴别试验是依据化学结构和理化性质进行某些化学反应，测定某些理化常数和光学特征，来证明已知药物的真伪。当进行药物分析时，必须在鉴别无误后，再进行检查、含量测定等分析，否则是没有意义的。所用鉴别方法应侧重具有一定的专属性、再现性和灵敏度，操作应简便、快速。在鉴别时，对某一药品不能以一个鉴别试验作为判断的唯一根据，同时需考虑其他有关项目的试验结果，全面考察，才能得出结论。常用的药品鉴别方法有化学鉴别法、光谱鉴别法、色谱鉴别法以及生物鉴别法。

4. 检查

药品的检查项包括了有效性、均一性、纯度要求与安全性四个方面。有效性是指检查与药物疗效有关，但在鉴别、纯度检查和含量测定中不能控制的项目；均一性是指检查生产出来的同一个批号药品的质量，如含量均匀度、溶出度、重量差异等，是否均一；安全性是指对药物中存在的某些痕量的、对生物体产生特殊生理作用，严重影响用药安全杂质的检查；纯度要求主要指对药物中杂质的控制，如酸碱度、溶液的澄清度与颜色，无机阴离子、干燥失重或水分、炽灼残渣、有害残留溶剂、金属离子或重金属、硒和砷盐的检查等。

5. 含量测定

含量测定是指对药品中有效成分的测定，一般采用化学、仪器或生物测定的方法。药品的含量是评价药品质量、保证药品疗效的重要方面。含量测定必须在鉴别无误、杂质检查合格的基础上进行。

6. 类别

类别主要指药品的主要用途或作用分类。如对乙酰氨基酚的类别为"解热镇痛药"，尼群地平的类别为"钙通道阻滞药"。

7. 规格

规格指以每片、每个胶囊或每支等为单位的制剂内含有效成分的量。如头孢拉定胶囊的"规格"有 $0.125g$、$0.25g$ 和 $0.5g$ 三种。

8. 贮藏

药品的贮藏条件是药品能否有效用于临床的重要因素之一，药品贮藏项下的规定是对药品贮存与保管的基本要求。药品是否需要低温贮藏，温度、湿度、光照等贮藏条件对药物存在形式有无影响等，通常通过药品稳定性试验来确定。药品稳定性试验包括影响因素试验、加速试验以及长期试验。上述各项目应采用专属性强、准确、精密、灵敏的分析方法进行，并需对方法进行验证，以保证测试结果的可靠性。

9. 制剂

对于原料药，在正文最后一般还标有制剂项，显示该药物常见的剂型品种。如辛伐他汀"制剂"项下列出辛伐他汀片、辛伐他汀胶囊。

以上项目中，性状项下的外观和物理常数、鉴别、检查及含量测定属于法定性检测内容，类别、规格、贮藏、制剂等属于指导性条文。

（四）药品质量监督管理

根据法律授予的职权，依据法定的药品标准、法律、行政法规、制度和政策，对本国研制、生产、销售、使用的药品质量（包括进出口药品质量），以及影响药品质量的工作质量、保证体系的质量所进行的监督管理。

1. 药品质量监督管理的原则

① 社会效益第一。
② 质量第一。
③ 法制化科学化高度统一。
④ 专业监督与群众性监督管理结合。

2. 药品质量监督管理内容

① 审批确认药品（制定药品标准、药品批准文号）。
② 准予生产、经营药品和配置医院制剂（药品生产许可证、药品经营许可证等）。
③ 审定药品标识物和广告。
④ 生产、经营、使用环节药品的抽查、检验。
⑤ 控制特殊管理药品。
⑥ 行使监督权，实施法律制裁。

3. 药品质量监督检验

性质：公正性、权威性和仲裁性。

类型：抽查性检验、注册检验、仲裁性检验、国家检定、委托检验。

抽查性检验应当按照规定抽样，并不得收取任何费用。所需费用按照国务院规定列支。国务院药品监督管理部门对下列药品在销售前或者进口时，指定药品检验机构进行检验；检验不合格的，不得销售或者进口：

① 国务院药品监督管理部门规定的生物制品；
② 首次在中国销售的药品；
③ 国务院规定的其他药品。

四、药品质量标准实训过程

（一）中药材质量标准——查阅《中国药典》1部

板 蓝 根

Banlangen

RADIX ISATIDIS

本品为十字花科植物菘蓝 *Isatis indigotica* Fort. 的干燥根。秋季采挖，除去泥沙，晒干。

【性状】 本品呈圆柱形，稍扭曲，长10～20cm，直径0.5～1cm。表面淡灰黄色或淡棕黄色，有纵皱纹及支根痕，皮孔横长。根头略膨大，可见暗绿色或暗棕色轮状排列的叶柄残基和密集的疣状突起。体实，质略软，断面皮部黄白色，木部黄色。气微，味微甜后苦涩。

【鉴别】 （1）本品横切面：木栓层为数列细胞。皮层狭。韧皮部宽广，射线明显。形成层成环。木质部导管黄色，类圆形，直径约至 80μm；有木纤维束。薄壁细胞含淀粉粒。

（2）取本品水煎液，置紫外光灯（365nm）下观察，显蓝色荧光。

（3）取本品粉末 0.5g，加稀乙醇 20ml，超声处理 20 分钟，滤过，滤液蒸干，残渣加稀乙醇 1ml 使溶解，作为供试品溶液。另取板蓝根对照药材 0.5g，同法制成对照药材溶液。再取精氨酸对照品，加稀乙醇制成每 1ml 含 0.5mg 的溶液，作为对照品溶液。照薄层色谱法（附录 Ⅵ B）试验，吸取上述三种溶液各 1～2μl，分别点于同一硅胶 G 薄层板上，以正丁醇-冰醋酸-水（19：5：5）为展开剂，展开，取出，热风吹干，喷以茚三酮试液，在 105℃ 加热至斑点显色清晰。供试品色谱中，在与对照药材和对照品色谱相应的位置上，显相同颜色的斑点。

（4）取本品粉末 1g，加 80％ 甲醇 20ml，超声处理 30 分钟，滤过，滤液蒸干，残渣加甲醇 1ml 使溶解，作为供试品溶液。另取板蓝根对照药材 1.0g，同法制成对照药材溶液。再取（R,S）-告依春对照品，加甲醇制成每 1ml 含 0.5mg 的溶液，作为对照品的溶液。照薄层色谱法（附录 Ⅵ B）试验，吸取上述三种溶液各 5～10μl，分别点于同一硅胶 GF_{254} 薄层板上，以石油醚（60～90℃）-醋酸乙酯（1：1）为展开剂，展开，取出，晾干，置紫外光灯（254nm）下检视。供试品色谱中，在与对照药材和对照品色谱相应的位置上，显相同颜色的斑点。

【检查】 水分 不得过 15.0％（附录 Ⅸ H 第一法）。

总灰分 不得过 9.0％（附录 Ⅸ K）。

酸不溶性灰分 不得过 2.0％（附录 Ⅸ K）。

【浸出物】 照醇溶性浸出物测定法项下的热浸法（附录 Ⅹ A）测定，用 45％ 乙醇作溶剂，不得少于 25.0％。

【含量测定】 照高效液相色谱法（附录 Ⅵ D）测定。

色谱条件与系统适用性试验 以十八烷基硅烷键合硅胶为填充剂；以甲醇-0.02％ 磷酸（7：93）为流动相；检测波长为 245nm。理论板数按（R,S）-告依春峰计算应不低于 5000。

对照品溶液的制备 取（R,S）-告依春对照品适量，精密称定，加甲醇制成每 1ml 含 40μg 的溶液，即得。

供试品溶液的制备 取本品粉末约 1g，精密称定，置 100ml 圆底瓶中，精密加入水 50ml，称定重量，煎煮 2 小时，放冷，再称定重量，用水补足减失的重量，摇匀，滤过，取续滤液，即得。

测定法 分别精密吸取对照品溶液与供试品溶液各 10～20μl，注入液相色谱仪，测定，即得。

本品按干燥品计算，含（R,S）-告依春（C_5H_7NOS）不得少于 0.020％。

【炮制】 除去杂质，洗净，润透，切厚片，干燥。

本品呈圆形的厚片。外表皮淡灰黄色至淡棕黄色，有纵皱纹。切面皮部黄白色，木部黄色。气微，味微甜后苦涩。

水分 同药材，不得过 13.0％。

总灰分 同药材，不得过 8.0％（附录 Ⅸ K）。

【含量测定】 同药材，含（R,S）-告依春（C_5H_7NOS）不得低于 0.030％。

【鉴别】（除横切面外）【检查】（酸不溶性灰分）【浸出物】同药材。

【性味与归经】 苦，寒。归心、胃经。

【功能与主治】 清热解毒，凉血利咽。用于温毒发斑，舌绛紫暗，痄腮，喉痹，烂喉丹痧，大头瘟疫，丹毒，痈肿。

【用法与用量】 9～15g。

【贮藏】 置干燥处，防霉，防蛀。

（二）化学原料药与制剂质量标准——查阅2010版《中国药典》2部

阿莫西林
Amoxilin
Amoxicillin

【鉴别】 （1）取薄层鉴别项下供试品溶液1ml，加盐酸羟胺溶液1ml，再加酸性硫酸铁胺试液1滴，即显深红色。

（2）取薄层鉴别项下供试品溶液1ml，加三氯化铁试液3滴，即显深橘红色。

（3）取本品与阿莫西林对照品各约0.125g，分别用4.6%碳酸氢钠溶液溶解并稀释制成每1ml中约含阿莫西林10mg的溶液，作为供试品溶液与对照品溶液；另取阿莫西林对照品和头孢唑啉对照品各适量，用4.6%碳酸氢钠溶液溶解并稀释制成每1ml中约含阿莫西林10mg和头孢唑啉5ng的溶液作为系统溶液。照薄层色谱法（附录ⅤB）试验，吸取上述3种溶液各2μl，分别点于同一硅胶GF_{254}薄层板上，以乙酸乙酯-丙酮-冰醋酸-水（5:2:2:1）为展开剂，展开，晾干，置于紫外灯254nm下检视。系统溶液应显示两个清晰分离的斑点，供试品溶液所显主斑点的颜色和位置应与对照品溶液主斑点的颜色和位置相同。

【检查】 酸度 取本品，加水制成每1ml中含2mg的溶液，依法测定（附录ⅥH），pH值应为3.5～5.5。

阿莫西林聚合物 照分子排阻色谱法（附录ⅤH）测定。

色谱条件与系统适用性试验 用葡聚糖凝胶G-10（40～120μm）为填充剂，玻璃柱内径1.0～1.6cm，柱高度30～40cm。以pH8.0的0.05mol/L磷酸盐缓冲液[0.05mol/L磷酸氢二钠溶液-0.05mol/L磷酸二氢钠溶液（95:5）]为流动相A，以水为流动相B，流速为每分钟1.5ml，检测波长为254nm。分别以流动相A、B为流动相，取0.1mg/ml蓝色葡聚糖2000溶液200μl注入液相色谱仪，理论板数按蓝色葡聚糖2000峰计算均不低于500。拖尾因子均应小于2.0。在两种流动相系统中蓝色葡聚糖2000峰保留时间的比值应在0.93～1.07之间，对照溶液主峰和供试品溶液中聚合物峰与相应色谱系统中蓝色葡聚糖2000峰的保留时间的比值均应在0.93～1.07之间。称取阿莫西林约0.2g置10ml量瓶中，加2%无水碳酸钠溶液4ml使溶解后，用0.3mg/ml的蓝色葡聚糖2000溶液稀释至刻度，摇匀。量取200μl注入液相色谱仪，用流动相A进行测定，记录色谱图。高聚体的峰高与单体与高聚体之间的谷高比应大于2.0。另以流动相B为流动相，精密量取对照溶液200μl，连续进样5次，峰面积的相对标准偏差应不大于5.0%。

对照溶液的制备 取青霉素对照品适量，精密称定，用水溶解并定量稀释制成每1ml中约含0.2mg的溶液。

测定法 取本品约0.2g，精密称定，置10ml量瓶中，加2%无水碳酸钠溶液4ml使溶解，用水稀释至刻度，摇匀，立即精密量取200μl注入色谱仪，以流动相A为流动相进行测定，记录色谱图。另精密量取对照溶液200μl注入色谱仪，以流动相B为流动相，同法测定。按外标法以峰面积计算，结果除以10，即得，含阿莫西林聚合物以阿莫西林计，不得过0.15%（阿莫西林:青霉素=1:10）。

【含量测定】 照高效液相色谱法（附录ⅤD）测定。

色谱条件与系统适用性试验 用十八烷基硅烷键合硅胶为填充剂；以0.05mol/L磷酸二氢钾溶液（用2mol/L氢氧化钾溶液调节pH值至5.0）-乙腈（97.5:2.5）为流动相；流速为每分钟约1ml；检测波长254nm。取阿莫西林杂质混合对照品和阿莫西林对照品各约25mg，置50ml量瓶中，用流动相溶解并稀释至刻度，摇匀，取20μl注入液相色谱仪，记录的色谱图应与标准图谱一致。

测定法 取本品约25mg，精密称定，置50ml量瓶中，用流动相溶解并稀释至刻度，摇匀，精密量取20μl注入液相色谱仪，记录色谱图；另取阿莫西林对照品适量，同法测定。按外标法以峰面积计算出供试品中$C_{16}H_{19}N_3O_5S$的含量。

【制剂】 （1）阿莫西林片 （2）阿莫西林胶囊 （3）阿莫西林颗粒 （4）阿莫西林干混悬剂

阿莫西林片
Amoxilin Pian
Amoxicillin Tablets

【性状】 本品为白色或类白色片或薄膜衣片，除去包衣后显白色或类白色。

【鉴别】 （1）取薄层鉴别项下供试品溶液1ml，加盐酸羟胺溶液1ml，再加酸性硫酸铁胺试液1滴，即显深红色。

（2）取薄层鉴别项下供试品溶液1ml，加三氯化铁试液3滴，即显深橘红色。

（3）取本品细粉适量（约相当于阿莫西林0.125g），用4.6％碳酸氢钠溶液溶解并稀释制成每1ml中约含阿莫西林10mg的溶液，滤过，作为供试品溶液；取阿莫西林对照品和头孢唑啉对照品适量，用4.6％碳酸氢钠溶液溶解并稀释制成每1ml中约含10mg阿莫西林和5mg头孢唑啉的溶液作为系统溶液；取阿莫西林对照品适量，用4.6％碳酸氢钠溶液溶解并稀释制成每1ml中约含阿莫西林10mg的溶液，作为对照品溶液。照薄层色谱法（附录ⅤB）试验，吸取上述3种溶液各2μl，分别点于同一硅胶GF_{254}薄层板上，以乙酸乙酯-丙酮-冰醋酸-水（5∶2∶2∶1）为展开剂，展开，晾干，置于紫外灯254nm下检视。系统溶液应显示两个清晰分离的斑点，供试品溶液所显主斑点的颜色和位置应与对照品溶液主斑点的颜色和位置相同。

【检查】 有关物质 取本品的细粉适量，精密称定，用流动相A溶解并稀释制成每1ml中含阿莫西林2.0mg的溶液，滤过，取续滤液照阿莫西林项下的方法测定。单个杂质峰面积不得大于对照品溶液主峰面积的1倍（1.0％），各杂质峰面积的和不得大于对照品溶液主峰面积的5倍（5.0％）。

（三）生物制品质量标准——查阅2010版《中国药典》3部

人用狂犬病疫苗（Vero细胞）
Renyong Kuangquanbing Yimiao（Vero Xibao）
Rabies Vaccine for Human Use（Vero Cell）

本品系用狂犬病病毒固定毒接种Vero细胞，经培养、收获、浓缩、病毒灭活、纯化后，加入适宜的稳定剂后制成，用于预防狂犬病。

1 基本要求

生产和检定用设施、原材料及辅料、水、器具、动物等应符合"凡例"有关要求。

2 制造

2.1 生产用细胞

生产用细胞为Vero细胞。

2.1.1 细胞的管理及检定

应符合"生物制品生产和检定用动物细胞基质制备及检定规程"规定。各级细胞库细胞代次应不超过批准的限定代次。

取自同批工作细胞库的1支或多支细胞管，经复苏扩增后的细胞仅用于一批疫苗的生产。

2.1.2 细胞制备

取工作细胞库中的1支或几支细胞,细胞复苏、扩增至接种病毒的细胞为一批。将复苏后的单层细胞用胰蛋白酶或其他适宜的消化液进行消化,分散成均匀的细胞,加入适宜的培养液混合均匀,置37℃培养成均匀单层细胞。

2.2 毒种

2.2.1 名称及来源

生产用毒种为狂犬病病毒固定毒CTN-1V株、aGV株或其他经Vero细胞适应的狂犬病病毒固定毒株。

2.2.2 种子批的建立

应符合"生物制品生产和检定用菌毒种管理规程"规定。各种子批代次应不超过批准的限定代次。狂犬病病毒固定毒CTN-1V株在Vero细胞上传代建立工作种子批传代次数应不超过35代,aGV株在Vero细胞上传代建立工作种子批传代次数应不超过15代。

2.2.3 种子批毒种的检定

主种子批应进行以下全面检定,工作种子批应至少进行2.2.3.1~2.2.3.4项检定。

2.2.3.1 鉴别试验

采用小鼠脑内中和试验鉴定毒种的特异性。将毒种做10倍系列稀释,取适宜稀释度病毒液与等量狂犬病病毒特异性免疫血清混合,同时设立正常血清对照组,试验组与对照组的每个稀释度分别接种11~13g小鼠6只,每只脑内接种0.03ml,观察14天。中和指数应不低于500。

2.2.3.2 病毒滴定

取毒种做10倍系列稀释,每个稀释度脑内接种体重为11~13g小鼠至少6只,每只脑内接种0.03ml,观察14天。病毒滴度应不低于7.5lgLD$_{50}$/ml。

2.2.3.3 无菌检查

依法检查(附录ⅫA),应符合规定。

2.2.3.4 支原体检查

依法检查(附录ⅫB),应符合规定。

2.2.3.5 病毒外源因子检查

依法检查(附录ⅫC),应符合规定。

2.2.3.6 免疫原性检查

用主种子批毒种制备灭活疫苗,腹腔注射体重为12~14g小鼠,每只0.5ml,免疫2次,7天后重复接种1次作为试验组,未经免疫小鼠做对照组。第一次免疫后的第14天,试验组和对照组分别用10倍系列稀释的CVS病毒脑腔攻击,每只注射0.03ml,每个稀释度注射10只小鼠,逐日观察,观察14天。保护指数应不低于100。

2.2.4 毒种保存

毒种应置-60℃以下保存。

2.3 原液

2.3.1 细胞制备

同生产用细胞制备项。

2.3.2 培养液

培养液为含适量灭能新生牛血清的MEM、199或其他适宜培养液。新生牛血清的质量应符合规定(附录ⅩⅢD)。

2.3.3 对照细胞病毒外源因子检查

依法检查(附录ⅫC),应符合规定。

2.3.4 病毒接种和培养

当细胞培养成致密单层后,毒种按 0.01~0.1MOI 接种细胞(同一工作种子批毒种应按同一 MOI 接种),置适宜温度下培养一定时间后,弃去培养液,用无菌 PBS 或其他适宜洗液冲洗去除牛血清,加入适量维持液,置 33~35℃继续培养。

2.3.5 病毒收获

经培养适当时间,收获病毒液。根据细胞生长情况,可换以维持液继续培养,进行多次病毒收获。同一细胞批的同一次病毒收获液检定合格后可合并为单次病毒收获液。

2.3.6 单次病毒收获液检定

按检定项单次病毒收获液检定进行。

2.3.7 单次病毒收获液保存

于 2~8℃保存不超过 30 天。

2.3.8 单次病毒收获液合并、浓缩

同一细胞批生产的多个单次病毒收获液检定合格后可进行合并。合并后的病毒液,经超滤或其他适宜方法浓缩至规定的蛋白质含量范围。

2.3.9 病毒灭活

于病毒收获液中按 1:4000 的比例加入 β-丙内酯,置适宜温度、在一定时间内灭活病毒,并于适宜的温度放置一定的时间,以确保 β-丙内酯完全水解。病毒灭活到期后,每个病毒灭活容器应立即取样,分别进行病毒灭活验证试验。

2.3.10 纯化

灭活后的病毒液采用柱色谱或其他适宜的方法纯化,纯化后可加入适量人血白蛋白或其他适宜的稳定剂,即为原液。

2.3.11 原液检定

按检定项原液检定进行。

2.4 半成品

2.4.1 配制

将原液按规定的同一蛋白质含量或抗原含量进行配制,且总蛋白质含量应不高于 80μg/剂,可加入适量硫柳汞作为防腐剂,即为半成品。

2.4.2 半成品检定

按检定项半成品检定进行。

2.5 成品

2.5.1 分批

应符合"生物制品分批规程"规定。

2.5.2 分装

应符合"生物制品分装和冻干规程"规定。

2.5.3 规格

每瓶 1.0ml。每 1 次人用剂量为 1.0ml,狂犬病疫苗效价应不低于 2.5IU。

2.5.4 包装

应符合"生物制品包装规程"规定。

3 检定

3.1 单次病毒收获液检定

3.1.1 病毒滴定

按种子批检定项病毒滴定进行,病毒滴度应不低于 $6.0 \lg LD_{50}/ml$。

3.1.2 无菌检查

依法检查（附录ⅫA），应符合规定。
3.1.3　支原体检查
依法检查（附录ⅫB），应符合规定。
3.2　原液检定
3.2.1　病毒灭活验证试验

将灭活后病毒液 25ml 接种于 Vero 细胞，每 $3cm^2$ 单层细胞接种 1ml 病毒液，37℃吸附 60 分钟后加入细胞培养液，培养液与病毒液量比例不超过 1：3，每 7 天传 1 代，培养 21 天后收获培养液，混合后取样，分别进行动物法和酶联免疫法检测，动物法为脑内接种体重为 11～13g 小鼠 20 只，每只 0.03ml，观察 14 天，应全部健存（3 天内死亡的不计，动物死亡数量应不超过试验动物总数的 20%）；采用酶联免疫法检查，应为阴性。

3.2.2　蛋白质含量
取纯化后未加入人血白蛋白的病毒液，依法测定（附录ⅥB 第二法），应不高于 80μg/剂。
3.2.3　抗原含量
采用酶联免疫法，应按批准的标准执行。
3.3　半成品检定
无菌检查
依法检查（附录ⅫA），应符合规定。
3.4　成品检定
3.4.1　鉴别试验
采用酶联免疫法检查，应证明含有狂犬病病毒抗原。
3.4.2　外观
应为澄明液体，无异物。
3.4.3　装量
按附录ⅠA 装量项进行，应不低于标示量。
3.4.4　化学检定
3.4.4.1　pH 值
应为 7.2～8.0（附录ⅤA）。
3.4.4.2　硫柳汞含量
应不高于 100μg/ml（附录ⅦB）。
3.4.5　效价测定
应不低于 2.5IU/剂（附录ⅪA）。
3.4.6　热稳定性试验
疫苗出厂前应进行热稳定性试验。于 37℃放置 14 天后，按半成品检定项进行效价测定。如合格，视为效价测定合格。
3.4.7　牛血清白蛋白残留量
应不高于 50ng/剂（附录Ⅷ I）。
3.4.8　Vero 细胞 DNA 残留量
应不高于 100pg/剂（附录ⅨB 第一法）。
3.4.9　Vero 细胞宿主蛋白质残留量：
采用酶联免疫法，应不高于 4μg/剂。
3.4.10　抗生素残留量
细胞制备过程中加入抗生素的应进行该项检查，采用酶联免疫法，应不高于 50ng/剂。
4　保存、运输及有效期

于 2~8℃ 避光保存和运输。自生产之日起，按批准的有效期执行。

5　说明书

应符合"生物制品包装规程"规定和批准的内容。

五、实训巩固任务

查阅六味地黄丸的质量标准。

任务二　认识不合格药品假劣药

一、实训目标

> **知识目标**
> 　　掌握药品管理法中有关假劣药的规定。
>
> **技能目标**
> 　　能运用药品管理法中有关假劣药的规定判断是否为假劣药并能处理。
>
> **素质目标**
> 　　培养学生法律意识，使学生知法、懂法、守法。能运用药品有关法律判断、处理药事事件。

二、实训情景

1. 多媒体教室、多种假劣药案例。
2. 学生运用所学法律知识分组讨论、分析假劣药案例，并作出处理。

三、相关知识

《中华人民共和国药品管理法》（简称《药品管理法》）第四十八条：禁止生产（包括配制，下同）、销售假药。

有下列情形之一的，为假药：

（一）药品所含成分与国家药品标准规定的成分不符的；

（二）以非药品冒充药品或者以他种药品冒充此种药品的。

有下列情形之一的药品，按假药论处：

（一）国务院药品监督管理部门规定禁止使用的；

（二）依照本法必须批准而未经批准生产、进口，或者依照本法必须检验而未经检验即销售的；

（三）变质的；

（四）被污染的；

（五）使用依照本法必须取得批准文号而未取得批准文号的原料药生产的；

（六）所标明的适应证或者功能主治超出规定范围的。

《药品管理法》第四十九条　禁止生产、销售劣药。

药品成分的含量不符合国家药品标准的，为劣药。

有下列情形之一的药品，按劣药论处：

（一）未标明有效期或者更改有效期的；

（二）不注明或者更改生产批号的；

（三）超过有效期的；

（四）直接接触药品的包装材料和容器未经批准的；

（五）擅自添加着色剂、防腐剂、香料、矫味剂及辅料的；

（六）其他不符合药品标准规定的。

四、假劣药案例分析实训过程

（一）假药案例分析

案例一：某市食品药品监督管理局执法人员在某药厂原料库发现，一批用于生产"维C银翘片"的"金银花"出现吸潮现象，执法人员对该批"金银花"进行了抽验，检验结果为：金银花含水量严重超标。经调查，该批"金银花"是从合法企业购进，购进时无质量问题，但在购进后由于保管不当导致吸潮，而利用该金银花所生产的药品检验结果符合药品标准规定。

案例分析：药品生产企业使用不合格药品标准的原料、辅料，违法了《药品管理法》第十一条的规定，生产药品所需的原料、辅料，必须符合药用要求和《药品生产质量管理规范》第一百零二条的规定"药品生产所用的原辅料、与药品直接接触的包装材料应当符合相应的质量标准。药品上直接印字所用油墨应当符合食用标准要求。进口原辅料应当符合国家相关的进口管理规定。"由于《药品管理法》和《药品生产质量管理规范》没有制定相应罚则，根据法无明文规定不罚的原则，所以应免予处罚。对药品生产企业购进、使用不符合规定的原料、辅料的行为，食品药品监督管理局无权责令其改正，更无权对其进行处罚。但是，可以对其利用上述原料、辅料生产出来的药品进行抽检，根据抽检结果进行处理。若合格，药品监管部门可以通过指导等方式进行解释，从而引导企业；若不符合标准，则予以相关的处罚。

案例二：2009年1月9日，国家食品药品监督管理局通报了在大连金港安迪生物制品有限公司2008年生产的部分人用狂犬病疫苗中检出成分外核酸物质的情况。该企业于2008年2～6月，在上市的11批冻干人用狂犬病疫苗生产过程中，故意添加成分外核酸物质。

案例分析：大连金港安迪生物制品有限公司严重违反了《药品管理法》和《药品管理法实施条例》的有关规定，属于故意造假行为。依据《中华人民共和国药品管理法》和《中华人民共和国药品管理法实施条例》等有关规定，大连市食品药品监督管理局特作如下处理：

（1）没收违法生产、销售的药品和违法所得，并处以涉案货值金额的3倍罚款；

（2）责令企业停产整顿；

（3）处直接责任人10年内不得从事药品生产经营活动；

（4）提请辽宁省食品药品监督管理局吊销金港安迪公司的《药品生产许可证》；

（5）建议省局提请国家食品药品监督管理局撤销金港安迪公司人用狂犬病疫苗（Vero细胞）和冻干人用狂犬病疫苗（Vero细胞）的药品批准证明文件，收回金港安迪公司人用狂犬病疫苗和冻干人用狂犬病疫苗的GMP认证证书；

（6）将此案移送公安机关。

案例三：2011年8月，根据公安部、国家食品药品监督管理局交办线索，辽宁省沈阳市公安机关会同药监部门成立联合专案组，一举侦破宋某等利用互联网销售国家禁止药品"曲美"（盐酸西布曲明）案。经查，2010年10月以来，犯罪嫌疑人关某从外地分批购进上万袋盐酸西布曲明，以宋某（系关某妻子）名义，通过互联网非法销售，造成一名患者死亡。

案例分析：根据《药品管理法》第四十八条规定有下列情形的按假药论处：国务院药品

监督管理部门规定禁止使用的。"曲美"（盐酸西布曲明）国家已经禁止生产、销售、使用。而宋某等利用互联网销售国家禁止药品"曲美"（盐酸西布曲明）属于假药论处情形。

案例四：2008年10月6日，国家食品药品监督管理局接到云南省食品药品监督管理局报告，云南省红河州6名患者使用了标示为黑龙江省完达山制药厂（2008年1月更名为黑龙江完达山药业公司）生产的两批刺五加注射液（批号：2007122721、2007121511，规格：100ml/瓶）出现严重不良反应，其中有3例死亡。经查，这是一起由药品污染引起的严重不良事件。完达山药业公司生产的刺五加注射液部分药品在流通环节被雨水浸泡，使药品受到细菌污染，后被更换包装标签并销售。

案例分析：根据《药品管理法》第四十八条规定有下列情形的按假药论处：被污染的。黑龙江省完达山制药厂（2008年1月更名为黑龙江完达山药业公司）生产的两批刺五加注射液（批号：2007122721、2007121511，规格：100ml/瓶）在流通环节被雨水浸泡，使药品受到细菌污染，属于按照假药论处情形。

（二）劣药案例分析

案例五：家住西安南郊瓦胡同的郭先生前不久在附近的×××连锁店××大药房花13.5元买了一盒"×××"牌小儿氨酚烷胺颗粒。可回家才发现，包装上没有生产日期、生产批号和有效期。打开包装，里面独立的小包装有批号及有效期。

案例分析：《药品管理法》第四十九条规定有下列情形之一的药品，按劣药论处：(1) 未标明有效期或者更改有效期的；(2) 不注明或者更改生产批号的。药品不仅包括内容物，还包括药品包装标签和说明书。"×××"牌小儿氨酚烷胺颗粒包装上没有生产日期、生产批号和有效期，应按照劣药论处。

案例六：2004年10月，某县药监局执法人员在对辖区内的一药品批发企业进行日常监督检查，发现该企业仓库内有10箱灭菌注射用水，大包装上标有生产批号、有效期，但未标示有生产日期。拆箱后，其小包装和说明书也只标明生产批号、有效期，同样未标示生产日期。注射用水的安瓿上印有药品名称及批号，无其他异常，该企业质量负责人向执法人员提供该批药品的供货单位的资质证明及购进票据，未发现有违反药品购进管理的规定。执法人员进一步向药品的生产企业调查核实。确认该企业生产的灭菌注射用水已经过批准，属于合法生产。

案例分析：结合《药品管理法》第四十九条第三款（一）、（二）项的规定，未标明有效期、未注明生产批号的药品，按劣药论处。同样未标明生产日期的药品可视为属于《药品管理法》第四十九条第三款（六）项属于其他不符合药品标准规定的情形，按劣药论处。

案例七：2005年8月10日，×药监分局执法人员在日常监管中发现，××大药房经营的吗丁啉等5种药品超出有效期。

案例分析：吗丁啉等5种药品（总价值1000元）超出有效期，违反了《中华人民共和国药品管理法》第四十九条第三款之规定：超过有效期的。

五、实训巩固任务

案例分析：某药品监督管理局接到举报，药品生产企业甲生产的药品质量有问题。经调查，发现甲生产的药品胶囊A具有合法的药品批准文号，但其使用的原料药是从某化工厂乙采购的。

那么：(1) 化工厂乙是否能生产药品A的原料药？(2) 药品生产企业甲的行为是否违法？如何定性？

答：(1) 乙既然是化工厂，说明它没有《药品生产许可证》，不具备生产药品的资格。生产药品A的原料药也属于药品，故本案例中乙的行为应被视为无证生产药品，应当依照《药品管理法》第七十三条的规定进行处罚。

（2）甲的行为已经违法：从无药品生产资格的企业购进药品，依据《药品管理法》第三十四条规定，视为非法采购；以非法采购获得的原料药生产制剂，依据《药品管理法》第四十八条规定，视为生产假药。甲的行为属于违法行为。

任务三　认识药品外在质量——药品包装标签说明书

一、实训目标

知识目标

掌握药品包装标签说明书的有关规定。

技能目标

能运用药品包装标签说明书的有关规定解析各种药品包装标签说明书实物是否合格。

素质目标

培养学生药品质量意识，药品质量不仅取决于内在质量，外在质量同样重要。

二、实训情景

多媒体教室，各种规范或不规范药品包装标签说明书。

三、相关知识

《药品管理法》第五十二条　直接接触药品的包装材料和容器，必须符合药用要求，符合保障人体健康、安全的标准，并由药品监督管理部门在审批药品时一并审批。药品生产企业不得使用未经批准的直接接触药品的包装材料和容器。对不合格的直接接触药品的包装材料和容器，由药品监督管理部门责令停止使用。

《药品管理法》第五十三条　药品包装必须适合药品质量的要求，方便储存、运输和医疗使用。发运中药材必须有包装。在每件包装上，必须注明品名、产地、日期、调出单位，并附有质量合格的标志。

《药品管理法》第五十四条　药品包装必须按照规定印有或者贴有标签并附有说明书。标签或者说明书上必须注明药品的通用名称、成分、规格、生产企业、批准文号、产品批号、生产日期、有效期、适应证或者功能主治、用法、用量、禁忌、不良反应和注意事项。

麻醉药品、精神药品、医疗用毒性药品、放射性药品、外用药品和非处方药的标签，必须印有规定的标志。

《药品说明书和标签管理规定》第十七条　药品的内标签应当包含药品通用名称、适应证或者功能主治、规格、用法用量、生产日期、产品批号、有效期、生产企业等内容。包装尺寸过小无法全部标明上述内容的，至少应当标注药品通用名称、规格、产品批号、有效期等内容。

《药品说明书和标签管理规定》第十八条　药品外标签应当注明药品通用名称、成分、性状、适应证或者功能主治、规格、用法用量、不良反应、禁忌、注意事项、贮藏、生产日期、产品批号、有效期、批准文号、生产企业等内容。适应证或者功能主治、用法用量、不良反应、禁忌、注意事项不能全部注明的，应当标出主要内容并注明"详见说明书"字样。

《药品说明书和标签管理规定》第二十五条 药品通用名称应当显著、突出，其字体、字号和颜色必须一致，并符合以下要求：

（一）对于横版标签，必须在上1/3范围内显著位置标出；对于竖版标签，必须在右1/3范围内显著位置标出；

（二）不得选用草书、篆书等不易识别的字体，不得使用斜体、中空、阴影等形式对字体进行修饰；

（三）字体颜色应当使用黑色或者白色，与相应的浅色或者深色背景形成强烈反差；

（四）除因包装尺寸的限制而无法同行书写的，不得分行书写。

《药品说明书和标签管理规定》第二十六条 药品商品名称不得与通用名称同行书写，其字体和颜色不得比通用名称更突出和显著，其字体以单字面积计不得大于通用名称所用字体的1/2。

四、药品包装合格与否实训过程

（一）判断下列两种包装标签（图2-1），哪一个是合格的，哪一个是不合格的？为什么？

图2-1 标签实例（一）

答：右侧的是合格的，左侧的是不合格的。《药品说明书和标签管理规定》第二十五条："药品通用名称应当显著、突出，其字体、字号和颜色必须一致，并符合以下要求：对于横版标签，必须在上1/3范围内显著位置标出。"《药品说明书和标签管理规定》第二十六条："药品商品名称不得与通用名称同行书写，其字体和颜色不得比通用名称更突出和显著，其字体以单字面积计不得大于通用名称所用字体的1/2。"左侧标签上通用名称：复方氨酚烷胺片没有在上1/3范围内显著位置标出，且没有商品名（感康）突出和显著。以单字面积计，商品名（感康）大于通用名称（复方氨酚烷胺片）所用字体的1/2。

（二）判断下列两种包装标签（图2-2），哪一个是合格的，哪一个是不合格的？为什么？

答：右侧不合格，左侧合格。右侧包装标签为草书、篆书等不易识别的字体。违反《药品说明书和标签管理规定》第二十五条："药品通用名称应当显著、突出，其字体、字号和颜色必须一致，并符合以下要求：不得选用草书、篆书等不易识别的字体，不得使用斜体、中空、阴影等形式对字体进行修饰"的规定。

五、实训巩固任务

判断下列两种包装标签（图2-3），哪一个是合格的，哪一个是不合格的？为什么？

答：第二个包装标签为合格的，第一个包装标签不合格。多潘立酮片是通用名称，吗丁

图 2-2　标签实例（二）

图 2-3　标签实例（三）

啉是商品名称。第一个包装标签上通用名称没有在上 1/3 范围内显著位置标出。通用名称没有商品名称显著、突出。商品名称字体以单字面积计大于通用名称所用字体的 1/2。违反《药品说明书和标签管理规定》第二十五条："药品通用名称应当显著、突出，其字体、字号和颜色必须一致，并符合以下要求：对于横版标签，必须在上 1/3 范围内显著位置标出"和《药品说明书和标签管理规定》第二十六条："药品商品名称不得与通用名称同行书写，其字体和颜色不得比通用名称更突出和显著，其字体以单字面积计不得大于通用名称所用字体的 1/2"的规定。

项目三 认识药品质量管理

>>> **任务一 认识质量管理**

一、实训目标

知识目标
掌握GMP对质量管理的要求；熟悉常见的药品质量管理规范；了解药品质量管理的重要性。

技能目标
根据药品生产质量管理规范，分析药品生产过程中质量管理的要求。

素质目标
培养学生对质量管理重要性的认识，培养药学职业道德。

二、实训情景

1. 多媒体教室，具体展示案例的条件。
2. 具备互联网的仿真教室，学生分组查阅质量管理、药品生产质量管理规范相关资料。

三、相关知识

（一）药品质量

药品质量是指该药品能满足规定要求和需要的特征和总和。药品的质量具有五个特征，即有效性、安全性、稳定性、均一性、经济性。

（二）质量管理

质量管理（quality management）是指确定质量方针、目标和职责，并通过质量体系中的质量策划、质量控制、质量保证和质量改进来使其实现的所有管理职能的全部活动。

（三）质量管理的基本要素

（1）适当的质量系统或基础结构，包括组织机构、方法、程序和资源。

（2）质量保证活动，即确保产品（或工作）达到预计质量要求所需的一系列活动总和。

（四）质量管理的目标

（1）将人为的差错降低到最低限度。

（2）建立高质量的质量保证体系，降低污染和混淆，确保产品的质量。

（五）质量管理的发展历程

生产过程中，为了保证质量，需要对生产原材料、劳动工具、生产者的劳动技艺等提出相应的要求，这就是质量管理的部分内容。质量管理主要研究对象是产品的产生、形成和实现过程的管理。近代质量管理是从20世纪开始的，它大体经历了质量检验阶段、统计质量管理阶段、全面质量管理阶段和标准化质量管理阶段。

1. 质量检验阶段

20世纪前，产品质量主要依靠操作者个人技艺和经验来保证。到20世纪初，生产中分工与操作关系日益复杂，"操作者的质量关系"易造成质量标准的不同和工作效率低下。科学管理奠基人泰罗提出了在生产中应将计划与执行、生产与检验分开的主张，把产品质量检验职能独立出来，形成初期的质量管理。其特点是按照技术标准的规定，对成品进行全数检查，把合格品与不合格品分开。这种质量管理，实际上只是"事后检验"，无法在生产过程中起到预防、控制作用，仅限于从成品里挑出不合格品，防止不合格品出厂，一经发现"不合格品"就是既定事实，很难补救。

2. 统计质量管理阶段

20世纪20年代，一些统计学家研究用统计方法来代替单纯用检验方法控制产品的质量。第二次世界大战中，军用物品质量差、废品多，屡屡出现质量事故和问题，美国数理统计专家休哈特等人采用数理统计方法，制定了《战时质量管理制度》，强行推行质量统计方法。统计质量管理的特点是除了进行成品检验把关外，还注意采用数理统计方法控制生产过程，事先发现和预防不合格品的生产。统计质量管理在取得巨大成功的同时，也暴露出其局限性，如这种方法忽视组织管理，统计难度大，主要靠专家和技术人员，难以调动广大工人参与质量管理的积极性等。

3. 全面质量管理阶段

20世纪60年代初，由于科学技术的突飞猛进、人类对产品质量要求的提高以及行为科学学派的兴起，原有的质量管理概念和方法开始不适应，逐步产生了全面质量管理的概念。

全面质量管理（Total Quality Control，TQC；Total Quality Management，TQM）这一概念最早是美国的费根鲍姆和米兰提出的，他们的观点是：质量管理仅靠数理统计方法进行生产控制是不够的，还需要一系列的组织管理工作；企业的质量管理活动必须对质量、价格、交货期和服务进行综合考虑，而不仅仅是只考虑质量；产品质量的产生、形成和实现的过程包括了市场研究、开发、设计、制成产品规格、制定工艺、采购、仪器仪表及设备装置、生产、工序控制、检验、测试、销售、服务等，形成一个螺旋上升的循环过程，所以质量管理必须是全过程的管理；产品质量必须同成本联系起来考虑，离开了经济性来谈产品质量是没有什么意义的。

与以往的质量管理相比较，全面质量管理的突出特点在于它的全面性，主要体现在以下几个方面。

（1）管理对象的全面性　TQM的对象是质量而不是数量，而广义的质量不仅指产品质量，还应包括工作质量。产品质量是通过反映产品质量特性的技术参数或技术经济指标来衡量，这些参数或指标被称为产品质量标准，一般有国际标准、国家标准、部门（行业）标准和企业标准四种，符合标准的产品就是合格品。工作质量是产品质量的保证和基础，它反映着管理工作、技术工作、生产工作、服务工作等方面对产品质量和用户要求的保证程度。全面质量管理要求管好产品质量，就应当管好工作质量，在一定情况下应以管好工作质量作为质量管理的主要内容和工作重点。

（2）管理过程的全面性　TQM的过程不局限于对产品制造过程的质量管理，而要求从原有的制造过程向前、后扩展延伸，形成一个从市场调查、产品开发、产品设计试制开始，到外协准备、制造加工、辅助生产以及售后服务使用等一系列的全过程的质量管理。如图3-1所示。

（3）参与人员的全面性　全面质量管理不仅要求专职检验人员、质量控制人员、质量管理人员参与，而且还要求企业高层管理人员、中层管理人员、基层管理人员以及工人参与。

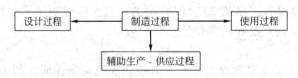

图 3-1 全过程的质量管理流程图

要形成一种质量管理人人关心、人人有责、共同努力、全员参与的局面，应抓好全员的质量教育工作，增强全体职工质量意识，提高职工的业务技术素质；建立健全企业的质量责任制，明确各部门、各级各类人员的任务与责权；开展多种形式的群众性质量管理活动，如质量管理小组活动等；企业高层领导要关心质量、亲自抓质量管理。

（4）管理方法的全面性　全面质量管理中所运用的方法不是单一性的，而是多样性的。它既有定量分析的方法，又有定性整理分析方法（如因果图法）；既有利用数理统计原理的方法，也有利用一般数学知识的方法（如排列图法）；既有静态分析的方法（如直方图法），又有动态分析的方法（如控制图法）；既有解决具体质量问题的方法，又有解决工作程序和思路的方法（如PDCA工作循环）。企业可以根据不同需要、不同情况来灵活地选择采用管理方法。

从质量检验到统计质量管理，进而向全面质量管理的发展，无论是质量管理理论还是实践，都是一个"质"的飞跃过程。全面质量管理是集质量管理思想、理念、手段、方法于一体的综合体系，为质量管理标准化的发展，奠定了理论和实践的基础。

4. 标准化质量管理阶段

质量管理发展到一定的阶段时，某些成熟的管理会显示出所具有的代表性。要想推广这些具有代表性、先进性的管理，就会面临各国、各地区在质量管理、观念、惯例等因素所存在的差异问题。为了逐步消除这些差异，排除意见分歧的障碍，全球范围的质量管理的标准化探索应运而生。

国际标准化组织（英文简称ISO）分别于 1986 年颁布了 ISO 8402《质量—术语》，1987 年发布了 ISO 9000《质量管理与质量保证标准选择和使用指南》、ISO 9001《质量体系　设计、开发、生产、安装和服务的质量保证模式》ISO 9002《质量体系生产安装和服务的质量保证模式》、ISO 9003《质量体系最终检验和试验的质量保证模式》、ISO 9004《质量管理体系业绩改进指南》共六项国际标准。统称为 ISO 9000 系列标准，或称为 1987 版 ISO 9000 系列国际标准。

1994 年 ISO/TC176 完成了对标准的第一阶段修订工作，并由 ISO 发布了 1994 年版 ISO 9000 族国际标准，共计 22 项。

ISO 9000 族国际标准问世以来，在全球范围内得到广泛应用，到 1999 年，全球 150 个国家颁发 ISO 9000 族认证证书已超过 34 万张，对推动组织的质量管理工作和国际贸易的发展起到了积极的作用。

2000 年 12 月 15 日 ISO 正式发布 ISO 9000：2000《质量管理体系　基础和术语》、ISO 9001：2000《质量管理体系　要求》、ISO 9004：2000《质量管理体系　业绩改进指南》。中国等同采用上述标准，国家质量技术监督局于 2000 年 12 月 28 日发布，2001 年 6 月 1 日实施 GB/T 19000—2000《质量管理体系　基础和术语》、GB/T 19001—2000《质量管理体系　要求》、GB/T 19004—2000《质量管理体系　业绩改进指南》。

（六）常见的药品质量管理规范：

(1) GLP（Good Laboratory Practice）《药物非临床研究质量管理规范》

(2) GCP（Good Clinical Practice）《药物临床试验质量管理规范》

(3) GMP（Good Manufacturing Practice）《药品生产质量管理规范》

(4) GSP（Good Supply Practice）《药品经营质量管理规范》，在美国称 GDP（Good

Distribute Practice)

(5) GAP（Good Agriculture Practice）《中药材生产质量管理规范》

四、药品质量管理重要性案例分析实训过程

案例一："磺胺酏剂"事件

1937年，美国一家公司的主任药师瓦特金斯为使小儿服用方便，用二甘醇代替酒精做溶剂，配制色、香、味俱全的口服液体制剂，称为磺胺酏剂，未做动物实验，在美国田纳西州的马森吉尔药厂投产后，全部进入市场，用于治疗感染性疾病。结果引起300多人急性肾功能衰竭，107人死亡。究其原因系甜味剂二甘醇在体内氧化为草酸中毒所致，美国为此于1938年修改了《联邦食品、药品和化妆品法》(Federal Food, Drug, And Cosmetic Act)。

案例二：20世纪最大的药物灾难——"反应停"事件

20世纪50年代后期联邦德国格仑南苏制药厂生产了一种声称治疗妊娠反应的镇静药Thalidomide（又称反应停、沙利度胺、肽咪哌啶酮）。该药出售后的6年间，先后在联邦德国、澳大利亚、加拿大、日本以及拉丁美洲、非洲的共28个国家，发现畸形胎儿12000余例（其中西欧就有6000～8000例，日本约有1000例）。患儿有无肢、短肢、肢间有蹼、心脏畸形等先天性异常，呈海豹肢畸形（phocornelia）。

美国、法国、捷克斯洛伐克等少数国家幸免此灾难。美国吸取了1938年磺胺酏剂事件的教训，没有批准进口"反应停"。当时的FDA（美国食品药品管理局，Food and Drug Administration）官员在审查该药时发现缺乏足够的临床试验数据而拒绝进口，从而避免了此次灾难。仅由于私人从国外携药，只造成9例畸形儿。但此次事件的严重后果在美国引起了不安，激起公众对药品监督和药品法规的普遍兴趣，并最终导致了国会对《联邦食品、药品和化妆品法》的重大修改。1962年的修正案明显加强了药品法的作用，具体体现在以下三个方面：

（1）要求制药企业不仅要证明药品是有效的，而且要证明药品是安全的；

（2）要求制药企业要向FDA报告药品的不良反应；

（3）要求制药企业实施药品生产和质量管理规范。

按照修正案的要求，美国国会于1963年颁布了世界上第一部GMP。1969年第22届世界卫生大会WHO建议各成员国的药品生产采用GMP制度，以确保药品质量与参加"国际贸易药品质量签证体制"（Certificaton Scheme On the Quality of Pharmaceutical Products Moving in International Commerce，简称签证体制）。1973年日本制药工业协会提出了自己的GMP，1974年日本政府颁布GMP，进行指导推行。1975年11月WHO正式公布GMP，1977年第28届世界卫生大会时WHO再次向成员国推荐GMP，并确定为WHO的法规。GMP经过修订后，收载于《世界卫生组织正式记录》第226号附件12中。WHO提出的GMP制度是药品生产全面质量管理的一个重要组成部分，是保证药品质量，并把发生差错事故、混药、各类污染的可能性降到最低程度所规定的必要条件和最可靠的办法，1978年美国再次颁行经修订的GMP。1980年日本决定正式实施GMP。

此后，英国、日本及大多数欧洲国家开始宣传、认识、起草本国的GMP，欧洲共同体委员会颁布了欧共体的GMP。到1980年有63个国家颁布了GMP。目前，已有100多个国家实行了GMP制度。

阅读上述两个案例，思考药品质量管理的重要性，探讨影响药品质量的因素及质量管理工作的要点。

答：影响药品质量的因素有：①硬件，如厂房、设施、设备、材料；②软件，如生产工艺、文件、记录；③人员，如操作者、维护和管理人员。

质量管理贯穿在药品研发、生产、经营、上市使用过程的所有阶段，每一个阶段的质量

管理工作应该按照相应的质量管理规范进行，以确保药品质量。

五、实训巩固任务

查阅药品生产质量管理规范，明确 GMP 对质量管理的要求。

任务二　认识全面质量管理（TQM）与 PDCA 循环

一、实训目标

知识目标

掌握 TQM 的定义、PDCA 循环的内容；了解 TQM 的中心思想。

技能目标

会使用 PDCA 循环法解决药品生产中的问题。

素质目标

培养学生认真、科学的从业精神，培养团队协作能力。

二、实训情景

1. 多媒体教室，具体展示案例的条件。
2. 具备互联网的仿真教室，学生分组查阅 TQM、PDCA 循环相关资料。

三、相关知识

全面质量管理（total quality management，TQM），是指以企业为主体，建立质量体系把全体员工组织起来，综合运用管理技术、专业技术与现代化管理方法，努力控制各种因素，提高工作服务管理水平，把企业内各部门的研制质量、维持质量和提高质量的活动构成为一体的一种有效的体系，以最经济的手段，为客户提供满意的商品和服务，并取得良好的社会和经济效益的全企业、全员、全过程的科学的质量管理活动。

TQM 的中心思想是：全面的管理，全过程的管理，全员参与的管理，强调用数据说

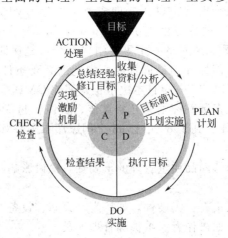

图 3-2　PDCA 循环示意图

话，强调质量过程控制，强调零缺点的质量控制。

TQM 的工作程序包括：计划（plan）、实施（do）、检查（check）、处理（action）四个阶段周而复始运转，简称"PDCA 循环"（图 3-2）。

PDCA 循环的特点是：依顺序进行，靠组织力量推动，周而复始，不断循环；大环套小环。整个企业的质量管理活动是大环，各部门、科室是独立的小环；螺旋式上升，质量管理不是停留在原地，而是不断总结和提高。

PDCA 循环原理见表 3-1。

表 3-1 PDCA 循环原理

阶段	步骤	主要方法
P	（1）分析现状，找出质量问题	排列图、直方图、控制图
P	（2）分析质量问题，找出各种影响质量的因素或原因	因果图
P	（3）找出主要影响因素，确认目标	排列图、相关图
P	（4）针对主要影响因素制订措施，提出改进计划	"5W1H"分析法 Why——为什么制订该措施？ What——达到什么目标？ Where——在何处执行？ Who——由谁负责完成？ When——什么时间完成？ How——如何完成？
D	（5）根据预计目标和措施，有组织地执行计划和实现质量控制	
C	（6）检查计划执行结果，发现不足之处	排列图、直方图、控制图
A	（7）总结成功经验，制定相应标准，提出失败的预防措施	制订或修改工作规程、检查规程及其他有关规章制度
A	（8）把未解决的问题转入下一个 PDCA 循环	

四、PDCA 循环实训过程

使用 PDCA 循环法完善阿司匹林的合成工艺。

计划阶段（P 阶段）：

第一步，分析现有的合成工艺，发现存在产品纯度差、产率低的质量问题。

第二步，查阅文献资料，分析产品质量问题产生的原因：反应物配比、催化剂、产物结构不稳定、反应过程易产生副产物、反应进行不完全、反应中引入杂质等。

第三步，找出影响质量的主要因素：产物不稳定易水解、反应过程中温度过高或升温过快导致副产物大量产生。

第四步，提出改进计划：改变反应物配比，降低反应温度，改进纯化处理操作，以提高产品纯度、产率。

实施阶段（D 阶段）：

第五步，按照改进计划进行阿司匹林合成的实验操作。

检查阶段（C 阶段）：

第六步，检查计划执行结果，发现不足之处：产品纯度提高，但是产率较低。

处理阶段（A 阶段）

第七步，总结产品纯度提高的经验，为后续的实验提供借鉴。

第八步，产品仍存在产率低的问题，转入下一个 PDCA 循环解决遗留问题。

五、实训巩固任务

使用 PDCA 循环法来解决一个专业学习中遇到的问题？

任务三 药物非临床研究质量管理规范（GLP）

一、实训目标

知识目标

掌握 GLP 对药物非临床研究阶段的要求；熟悉 GLP 认证工作内容；了解我国 GLP 的发展和现状。

技能目标

在药物非临床研究阶段，根据 GLP 要求完成各项操作及记录的填写。

素质目标

培养学生认真、科学的从业精神，培养团队协作能力。

二、实训情景

1. 多媒体教室，具体展示案例的条件。
2. 具备互联网的仿真教室，学生分组查阅 GLP 相关资料。

三、相关知识

药物非临床研究质量管理规范，是对药物非临床研究阶段的质量管理进行规范的文件。目的是为提高药物非临床研究的质量，确保实验资料的真实性、完整性和可靠性，保障人民用药安全。

GLP 内容：

第一章　总则
第二章　组织机构和人员
第三章　实验设施
第四章　仪器设备和实验材料
第五章　标准操作规程
第六章　研究工作的实施
第七章　资料归档
第八章　监督检查
第九章　附则

四、GLP 实训过程

案例：GLP 的由来和发展

最早提出 GLP 是缘于 20 世纪全世界出现了许多严重的药物中毒事件。如 20 世纪 30～70 年代，美国的二硝基酚事件，死亡 177 人；美国磺胺酏剂事件，死亡 107 人；欧美沙利度胺（反应停）事件，上万名婴儿短肢畸形；日本氯碘喹啉事件，上千人失明或下肢瘫痪。1975 年美国 FDA 检查了美国二家最大的新药安全性评价实验室［工业生物实验室（IBT）和生物检测公司实验室（BIT）］的资料，发现有很多问题。主要有实验设施条件差，原始记录不全面、不准确、无签名和日期、保管不当，报告与原始记录不一致，试验方案不合理及不按照方案实施，实验动物无恰当的编号，致使不同组的动物放错，工作人员未进行培训，管理者缺乏对工作人员的有效监督，对濒死动物未做病理检查，不重视实验动物的饲养管理。随后又对好几个实验室进行了检查，其问题相似。检查结果震惊了国会和政府部门。于是由 FDA 的官员和有关专家联合组成一个起草委员会，制定提高安全性研究质量的管理法规，即 GLP。明确了新药安全性研究的质量必须依靠法规管理。1976 年 11 月公布了初稿并试行，1978 年作为联邦法规正式颁布，于 1979 年 6 月生效。20 世纪 80 年代以来世界上有 20 多个国家先后实施了 GLP。我国也发现了许多药物中毒事件，如：野金针菇致白内障、双黄连注射液致死、清开灵注射液过敏、强痛定和二氢埃托啡的药物依赖等。我国从 1991 年开始起草 GLP 规范，1993 年 12 月国家科委发布了《药物非临床研究质量管理规定》（试行），2003 年 6 月国家药品监督管理局正式颁布了《药物非临床研究质量管理规范》。

结合上述案例，查阅相关资料，回答下列问题。

（一）GLP 对药物非临床研究阶段有什么要求？

答：GLP 主要分为硬件和软件两个部分，其核心是确保研究资料的真实性、完整性和可靠性。

1. 硬件要求

完整配套的实验设施和自动化仪器设备是毒性评价工作顺利进行和高质量完成的重要保障。

（1）大小合适，分布合理的动物室和配套设施并能调控温度等。不同种属动物或不同实验系统的饲养和管理设施。小动物：屏障系统（万级），适用于 SPF 级动物。大、小动物：亚屏障系统（十万级），适用于清洁级动物。大、小动物：开放系统，适用于普通级动物。动物的检疫和患病动物的隔离治疗设施。收集和处理试验废弃物的设施。清洗消毒设施。供试品和对照品含有挥发性、放射性和生物危害性等物质时应设置相应饲养和管理设施。

（2）严格控制符合 GLP 的环境条件：实验室应人物分流运行，防止互相污染，温度控制在（20±3）℃，相对湿度 30％～70％，空气流通并经过滤，光照 12h，控制噪声。

（3）各类实验室和相应的仪器设备。药学研究实验室的仪器设备根据其性能特点可分为以下几类。①机能技术，其相应仪器配置要求：心电图机、恒温水浴灌流系统、微循环显微仪等 16 项。②形态技术方面仪器设备配置要求：体视显微镜、倒置显微镜、超净工作台等 23 项。③分析技术方面仪器设备配置要求：高速离心机、分光光度计、精密分析天平、高效液相色谱仪等 22 项。④合成（提取）及制剂工艺技术方面仪器设备配置要求：真空干燥箱、旋转蒸发仪、气相色谱仪等 35 项。

要求：相应的仪器设备要有专人保管，并贴有计量检验合格与否的标签，负责人姓名、生产厂家、出厂日期的标签。仪器设备应定期进行检定、校验、测试和校正，维护和保养，确保仪器设备的性能稳定可靠。应备有该仪器设备保养、校正及使用方法的标准操作规程。对仪器设备的使用、检查、测试、校正及故障修理，应详细记录日期，有关情况及操作人员姓名。试剂和溶液等均应贴有标签、标明品名、浓度、贮存条件、配置日期及有效期。供试品和对照品应贴有标签、标明品名、缩写名、批号、有效期和贮存条件。应有相应的通风、防酸碱和防火设施。

（4）应有足够的贮存供试品和档案资料的设施。

2. 软件部分

（1）建立完善的组织管理体系：配备机构负责人、质量保证部门负责人和相应的质量保证工作人员。具备相应的研究人员。制订完善的管理制度，各级人员职责明确。

（2）高素质的工作人员队伍：具备严谨的科学作风和良好的职业道德。具备相应的学历，经过专业培训，具备完成所承担的研究工作需要的知识结构、工作经验和业务能力，工作人员进行专业培训方可上岗。熟悉 GLP 的基本内容，严格履行各自职责。

（3）各项工作的标准操作规程（SOP）。安全性评价研究结果，可受主客观多种因素的影响，为了尽量减少这些影响，防止"假阳性"或"假阴性"结果的出现，也为了便于"追因"检查，对安全性评价研究实验所牵涉到的各个方面都必须制订出 SOP。SOP 必须既符合实际、具体，又容易执行。SOP 的内容至少包括题目名称、编号、正文、参考文献、修订号码、制订者、审定者、批准者、批准日期、页码与总页数。

（4）各种记录的文书材料。发生偶然性错误的可能性存在于实验过程的所有方面，要求对于在实验实施过程中每时每刻进行的所有操作、发生的一切情况，不分巨细地全部记录下来。在事后客观地评价实验结果的可信性时，这些记录便成为非常重要的佐证。要制作的文书材料种类很多，各个研究机构有必要按照本单位的实际情况，根据自己的目的，采取有效的方法来制作适合于本单位应用的记录文书。

（5）实验全过程的监督检查有了良好的实验设施和仪器设备，还必须有一套严格的管理体制，有了严密的设计方案和合理的 SOP，还必须不折不扣地执行实施，这样才能保证研究工作正常、顺利、按时和高质量地完成。质量保证部门（QAU）是独立的机构，其人员不参加实验过程，它的监督检查是保证实验数据质量的重要措施，其职能是科学、客观地对实验设施、GLP 的软、硬件的运转、试验操作、原始数据及总结报告书等是否符合 GLP 规范，进行监督检查。

（二）进行 GLP 认证需要提交什么资料？对申请资料有什么要求？

答：1. 对申请资料的一般要求

（1）申报资料首页为申报资料项目目录，目录中申报资料项目按照《药物非临床研究质量管理规范检查办法》中需要的资料顺序排列，并标明资料的名称或该资料所在目录中的序号。

（2）按照《药物非临床研究质量管理规范检查办法》第 6 条要求，以下申报资料应齐全。

① 《药物非临床研究质量管理规范检查申请表》。

② 药物研究机构备案证明文件。

③ 实施"药物非临床研究质量管理规范"的自查报告。报告内容应包括自查的时间、内容、发现的问题及采取或拟采取的措施等。

④ 机构概要

a. 机构发展概况（历史沿革情况，开展药物安全性评价试验的时间与经验，按 GLP 开展工作的时间和经验等）。

b. 机构组织框架图。

c. 实验设施平面图（包括机构的整体平面图和外观照片，GLP 与非 GLP 区域平面图，实验室、动物饲养室及管理区域平面图）。

d. 组织机构的设置与职责（机构管理部门的设置情况，供试品保管、动物饲养与管理、病理检查及质量保证等部门职能概要，管理制度目录，属非独立法人单位的非临床安全性评价研究机构应说明机构的隶属关系）。

⑥ 机构负责人、质量保证部门和专题负责人的履历、培训经历及工作业绩等。

⑦ 机构人员的学历、专业构成情况与培训情况，质量保证部门的组成情况。

⑧ 动物饲养区域及动物试验区域情况

a. 动物收容能力（大动物、小动物，屏障区与非屏障区）。

b. 动物饲养区人流、动物流、物品流、污物流、空气流等流向。

c. 环境条件（温度、湿度、照度、噪声、洁净度、换气次数、压差等）。

d. 饲料、饮水、垫料等动物用品来源与检测频次。

e. 微生物监测状况。

f. 功能实验室、化学及生物污染特殊区域的环境控制状况。

g. 清洁剂、消毒剂、杀虫剂使用状况。
⑨ 机构主要仪器设备一览表（购置日期、生产厂家、型号）。
⑩ 标准操作规程目录。
⑪ 药物安全性评价研究实施情况：
a. 药物安全性评价试验实施程序（安全性试验流程图）；
b. 近三年来开展药物安全性评价试验工作情况（GLP、非 GLP 试验）。
⑫ 其他有关资料。
（3）申报资料应使用 A4 规格纸打印或复印，内容完整、规范、清楚，不得涂改。
（4）资料份数：书面资料和电子软盘各一份。
2. 对申请资料的具体要求
《药物非临床研究质量管理规范检查申请表》
该表是申请人提出药物非临床研究质量管理规范认证的基本文件，应按照填表说明，准确、规范填写。
（1）申请表的封面应加盖法人机构公章。
（2）非临床研究机构（实验室）名称：应填写法人机构名称，如果需要体现实验室的名称，可将实验室的名称填写在括号内，放置法人机构名称的后面。
（3）申请安评试验项目：可在申请表中设置的对应项目中打"b"。
（4）省级药品监督管理局应签署意见和加盖公章。
（三）GLP 认证申办流程是什么？
答：具体内容请参见图 3-3。

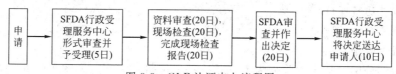

图 3-3　GLP 认证申办流程图

五、实训巩固任务

上网查询河北省获得 SFDA 认证的 GLP 实验室有哪些？具备什么条件？

>>> 任务四　药物临床试验质量管理规范（GCP）

一、实训目标

知识目标
掌握 GCP 对药物临床研究阶段的要求；了解我国 GCP 的发展和现状。

技能目标
在药物临床研究阶段，根据 GCP 要求完成各项操作及记录的填写。

素质目标
培养学生认真、科学的从业精神，培养团队协作能力。

二、实训情景

1. 多媒体教室，具体展示案例的条件。
2. 具备互联网的仿真教室，学生分组查阅 GCP 相关资料。

三、相关知识

药物临床试验质量管理规范，是药物在人体上进行生物医学研究的基本准则，也是临床试验全过程的标准规定，包括方案设计、组织、实施、监查、稽查、记录、分析总结和报告。其目的是保证药品临床试验过程规范，结果科学可靠，保护受试者的权益并保障其安全。凡药品进行各期临床试验，包括人体生物利用度或生物等效性试验均需按 GCP 执行。

GCP 内容：

第一章　总则
第二章　临床试验前的准备与必要条件
第三章　受试者的权益保障
第四章　试验方案
第五章　研究者的职责
第六章　申办者的职责
第七章　监查员的职责
第八章　记录与报告
第九章　数据管理与统计分析
第十章　试验用药品的管理
第十一章　质量保证
第十二章　多中心试验
第十三章　附则

临床试验的分期：临床试验分为Ⅰ、Ⅱ、Ⅲ、Ⅳ期。

Ⅰ期临床试验：初步的临床药理学及人体安全性评价试验。观察人体对于新药的耐受程度和药代动力学，为制订给药方案提供依据。

Ⅱ期临床试验：治疗作用初步评价阶段。其目的是初步评价药物对目标适应证患者的治疗作用和安全性，也包括为Ⅲ期临床试验研究设计和给药剂量方案的确定提供依据。

Ⅲ期临床试验：治疗作用的确证阶段。其目的是进一步验证药物对目标适应证患者的治疗作用和安全性，评价利益与风险关系，最终为药物注册申请的审查提供充分的依据。

Ⅳ期临床试验：新药上市后的应用阶段。其目的是考察在广泛使用的条件下的药物的疗效和不良反应；评价在普通或者特殊人群中使用的利益与风险关系，以及改进药剂量等。

生物等效性试验：是指用生物利用度研究的方法，以药代动力学参数为指标，比较同一种药物的相同或者不同剂型的制剂，在相同的试验条件下，其活性成分吸收程度和速度有无统计学差异的人体试验。

四、认识 GCP 实训过程

案例一：地坛医院艾滋病试药风波

2003 年 3 月，地坛医院选中 34 名艾滋病患者（绝大部分来自河南）来北京参加"胸腺核蛋白制剂（英文缩写为 TNP）"药物试验。这项试验的相关合作单位分别为美国纽约国际商业集团、美国病毒基因公司、中国疾病预防控制中心性病艾滋病预防控制中心。

这项试验中，每位受试者都在医院接受了 16 针的注射，他们结束了住院回家后，在 6 个月的观察期内，死亡了 4 人。

艾滋病患者河南农民严良（化名）和他的33名同伴，在参加了由中国疾病预防控制中心下属的性病艾滋病预防控制中心和北京地坛医院共同参与的一次药物临床试验之后，却声称自己对此次试验的相关情况毫不知情。他们对这个试验可能涉及的医学伦理问题也提出了质疑。

"刚来北京时，我们对为什么被选中一无所知，也不知道即将接受的是什么治疗，事后地坛医院拒绝对患者相继死亡作出任何解释。"一位还活着的患者说。

据调查后发现，此项目没有药监局的批文，取而代之的是中国疾控中心与美国药物研制公司的一纸合作协议。而负责审查该项目的地坛医院伦理委员会，在这一点上也没有承担起相应职责。

案例二：英国新药试验

2006年一种针对白血病和风湿性关节炎的新药试验，在英国酿成一场惨剧，8名参加药物试验的志愿者，有6名出现内脏器官衰竭，其中两人至今深度昏迷。一病危者的家人说，病人的头肿得比原形大3倍，如"大象人"。

名为TNG1412的新药是由一家德国生物制药公司生产的单克隆抗体，生物学上又叫衍生蛋白，用来治疗白血病、风湿性关节炎及各种硬化症。一家美国药物试验公司组织了此次试验。

在英国参加此次药物试验的有1名英国人、4名亚裔英国人、2名澳大利亚人和1名南非人。试验当日，8人接受注射后几分钟，可怕的情景就发生了。医生试着把药从他们体内吸出来。21岁的受试者赖安·威尔逊至今毫无意识。医生说，这种昏迷状态大概要持续6～12个月。威尔逊的头胀到正常的3倍，脖子比头还要粗，鼻子扁扁的横跨整张脸，皮肤呈现深紫色。当他叔叔亲吻他时，一滴眼泪滚过他的面颊。病人亲属被告知即使病人脱离生命危险，其内脏器官也会留下后遗症。他们要康复可能需要几个月甚至更长时间。截至记者发稿时止，4名恢复知觉的受试者情况正在稳步好转，另2人仍处于危险状态，但也有轻微的好转迹象。医生说，现在评论他们的预后为时尚早。

此次事件隔两日首次在英国媒体曝光，人们的最初反应是迷惑，继而震惊，要求调查试验是否符合规定，是否经过了动物试验。英国药品和保健品监管局立即勒令停止所有试验，并通报其他国家有关部门。调查工作于事件曝光日晚开始。由于危及到受试者生命，伦敦警方介入调查。

生产该药物的德国生物制药公司在试验日一周后透露，这种药物在20只猴子身上试验时，两只猴子曾出现淋巴结肿大的症状。这次试验药物做了改进。

英国药物试验专家戴维·格洛弗认为，新药针对的抗体是人类特有的，因此，即使在动物身上的试验是安全的，也不能保证对人类安全。这对科学试验规则提出了新的问题，人体试验有必要从小量药剂逐渐增加。

结合上述案例，查阅相关资料，回答下列问题：

（一）试验开始前研究者应对申办者哪些资料进行审核？

答：（1）申办者的国家食品药品监督管理局批文。

（2）实验药品的临床前整套研究资料、对照药品质量标准和临床研究文献资料、申办者所在省的省级药检所出具的本批次临床试验药品和对照药品的药检合格报告原件（若为复印件则需加盖申办者单位红章）。

（3）一证一照（企业法人营业执照，药品生产企业合格证）复印件并加盖申办者单位红章。

（4）联系人的法人委托书原件，联系人身份证或/和工作证复印件并加盖单位红章。

（5）上市药再评价应提交国家食品药品监督管理总局，或医学会、中医学会批文，一般应免费供药。

（6）研究者手册。

（二）药监局临床研究批件的有效期是多少？

答：药物临床试验被批准后应当在3年内实施。逾期未实施的，原批准证明文件自行废止；仍需进行临床试验的，应当重新申请。

（三）受试者的权益包括哪些？

答：（1）知情权　药物临床试验的目的、意义、过程告知。

（2）自愿参加和退出权。

（3）隐私权。

（4）获得及时治疗权　在发生不良反应和不良事件时。

（5）补偿权

① 受试者发生ADR/AE/SAE如为试验药物引起，补偿由申办者承担。

② 受试者发生ADR/AE/SAE如为研究者（医、护、技人员）操作或处理不当，赔偿由医院相关责任人员承担。

（四）伦理委员会审议试验方案的内容包括哪些内容？

答：伦理委员会应从保障受试者权益的角度严格按下列各项审议试验方案：

（1）研究者的资料、经验、是否有充分的时间参加临床试验，人员配备及设备条件等是否符合试验要求；

（2）试验方案是否充分考虑了伦理原则，包括研究目的、受试者及其他人员可能遭受的风险和受益及试验设计的科学性；

（3）受试者入选的方法，向受试者（或其家属、监护人、法定代理人）提供有关本试验的信息资料是否完整易懂，获取知情同意书的方法是否适当；

（4）受试者因参加临床试验而受到损害甚至发生死亡时，给予的治疗和/或保险措施；

（5）对试验方案提供的修正意见是否可接受；

（6）定期审查临床试验进行中受试者的风险程度。

（五）必须提交给伦理委员会的资料有哪些？

答：临床研究方案和知情同意书。

（六）受试者知情同意书的内容包括哪些？

答：简单地说就是：参加试验是自愿的，任何阶段有权退出；个人资料保密；试验的目的、内容，可能的收益和风险、可供选用的其他治疗方法，可能的分组；试验期间，可随时了解有关信息资料；与实验相关的损害可获得治疗和补偿；符合《赫尔辛基宣言》规定的受试者的权利和义务等。

（七）知情同意书设计的原则是什么？

答：知情同意书设计应符合"完全告知"、"充分理解"、"自主选择"的原则。

采用受试者能够理解的文字和语言。知情同意书不应包含要求或暗示受试者放弃他们获得补偿权的文字，或必须举证研究者的疏忽或技术缺陷才能获得免费医疗或补偿的文字。

（八）药物临床试验方案包括哪些内容？

答：临床试验方案应包括以下内容：

（1）试验题目。

（2）试验目的，试验背景，临床前研究中有临床意义的发现和与该试验有关的临床试验结果、已知对人体的可能危险与受益，及试验药物存在人种差异的可能。

（3）申办者的名称和地址，进行试验的场所，研究者的姓名、资格和地址。

（4）试验设计的类型，随机化分组方法及设盲的水平。

（5）受试者的入选标准、排除标准和剔除标准，选择受试者的步骤，受试者分配的方法。

(6) 根据统计学原理计算要达到试验预期目的所需的病例数。

(7) 试验用药物的剂型、剂量、给药途径、给药方法、给药次数、疗程和有关合并用药的规定，以及对包装和标签的说明。

(8) 拟进行临床和实验室检查的项目、测定的次数和药代动力学分析等。

(9) 试验用药物的登记与使用记录、递送、分发方式及贮藏条件。

(10) 临床观察、随访和保证受试者依从性的措施。

(11) 中止临床试验的标准，结束临床试验的规定。

(12) 疗效评定标准，包括评定参数的方法、观察时间、记录与分析。

(13) 受试者的编码、随机数字表及病例报告表的保存手续。

(14) 不良事件的记录要求和严重不良事件的报告方法、处理措施、随访的方式、时间和转归。

(15) 试验用药物编码的建立和保存，揭盲方法和紧急情况下破盲的规定。

(16) 统计分析计划，统计分析数据集的定义和选择。

(17) 数据管理和数据可溯源性的规定。

(18) 临床试验的质量控制与质量保证。

(19) 试验相关的伦理学。

(20) 临床试验预期的进度和完成日期。

(21) 试验结束后的随访和医疗措施。

(22) 各方承担的职责及其他有关规定。

(23) 参考文献。

(九) 申办者在获得哪些批件后方可按方案组织临床试验？

答：国家食品药品监督管理总局批准；伦理委员会批准。

(十) 药物临床试验最低病例数（试验组）为多少？

答：Ⅰ期临床试验 20～30 例；Ⅱ期临床试验 100 例；Ⅲ期临床试验 300 例；Ⅳ期临床试验临床应用 2000 例；生物利用度试验 19～25 例。

注：题中所示病例数为试验组病例数，对照组病例数应小于或等于试验组，多为 1∶1 或 1∶2，其中Ⅱ期临床试验中试验组和对照组例数要求相等。

(十一) 临床试验总结报告内容有哪些？

答：随机进入各组的实际病例数，脱落和剔除的病例及其理由；不同组间的基线特征比较，以确定可比性；对所有疗效评价指标进行统计分析和临床意义分析，统计结果的解释应着重考虑其临床意义；安全性评价应有临床不良事件和实验室指标合理的统计分析，对严重不良事件应详细描述和评价；多中心试验评价疗效及安全性，应考虑中心间存在的差异及其影响；对试验药物的疗效和安全性以及风险和受益之间的关系作出简要概述和讨论。

(十二) 试验用药物的使用记录应包括哪些信息？

答：应包括试验用药物的数量、装运、递送、接收、分配、应用后剩余药物的回收与销毁等方面的信息。

(十三) 剩余试验药物能否给其他相关患者使用？为什么？

答：不能。GCP 第五十九条明确规定：试验用药品的使用由研究者负责，研究者必须保证所有试验用药品仅用于该临床试验的受试者，其剂量与用法应遵照试验方案，剩余的试验用药品退回申办者，上述过程需由专人负责并记录在案，试验用药品须有专人管理，研究者不得把试验用药品转交任何非临床试验参加者。

(十四) 如何保证药物临床试验质量？如何协调管理？

答：实行三级质量保证体系，即机构办公室、专业负责人、专业主要研究者。

（1）加强各专业组人才建设，在合法的医疗机构中具有相应专业技术职务任职和行医资格；具备试验方案要求的专业知识，在本专业领域具有一定学术地位，分期分批安排各专业成员参加国家食品药品监督管理总局举办的药物临床试验培训班，培训合格持证上岗。

（2）门诊量、出入院人数符合要求，仪器设备等硬件条件符合要求。

（3）保证伦理委员会的组成符合GCP要求，保证伦理委员会的正常运转，履行伦理委员会职责，保证受试者的权益。

（4）技术委员会保证研究方案的质量（科学性）。

（5）具体由机构办公室协调管理。

（十五）药物不良反应（ADR）包括哪些类型？

答：A型即量变型异常，由药理作用增强所致，可预测，与剂量有关，药物不良反应发生率高，死亡率低，停药减量后消失或减轻，例如：氨基糖苷类引起的耳聋。

B型即质变型异常，与正常药理作用无关的异常反应，通常是人体特异性个体反应引起的，药物不良反应发生率低，死亡率高，例如：某些过敏性体质患者的各型变态反应。

C型即迟发型反应。长期用药后出现，例如：长期服用避孕药引起的乳腺癌、致畸等。

五、实训巩固任务

上网查询河北省具有临床试验资质的医疗机构有哪些？具备什么条件？

任务五　药品经营质量管理规范（GSP）

一、实训目标

知识目标

掌握GSP对药品经营企业的要求；熟悉GSP认证工作内容；了解我国GSP的发展和现状。

技能目标

在药物经营过程中，根据GSP要求完成各项操作及记录的填写。

素质目标

培养学生认真、科学的从业精神，培养团队协作能力。

二、实训情景

1. 多媒体教室，具体展示案例的条件。
2. 具备互联网的仿真教室，学生分组查阅GSP相关资料。

三、相关知识

药品经营质量管理规范，是控制药品流通环节所有可能发生质量事故的因素，从而防止质量事故发生的一套管理程序，是经营企业质量管理的基本准则。药品经营企业应当在药品的购进、储运和销售等环节实行质量管理，建立包括组织机构、职责制度、过程管理和设施设备等方面的质量体系并使之有效运行,其目的是加强药品经营环节的质量管理,确保人民用药安全有效。

GSP 内容:

第一章　总则

第二章　药品批发的质量管理

第三章　药品零售的质量管理

第四章　附则

四、认识 GSP 实训过程

案例一:刺五加事件

2008 年 10 月 6 日,国家食品药品监督管理局接到云南省食品药品监督管理局报告,云南省红河州 6 名患者使用了标示为黑龙江省完达山制药厂(2008 年 1 月更名为黑龙江完达山药业公司)生产的两批刺五加注射液(批号:200712272(一)2007121511,规格:100ml/瓶)出现严重不良反应,其中有 3 例死亡。10 月 7 日,国家食品药品监督管理局同卫生部组成联合调查组,在云南、黑龙江两省地方政府及相关部门的配合下,对事件原因展开调查。国家食品药品监督管理局在中国药品生物制品检定所和云南、黑龙江省药品检验所同时开展药品检验和动物实验工作的同时,还组织广东、江苏、河北、山东、江西、陕西等省药品检验所对市场上该企业生产的刺五加注射液进行检验。

完达山药业公司生产的刺五加注射液部分药品在流通环节被雨水浸泡,使药品受到细菌污染,后被更换包装标签并销售。2008 年 7 月 1 日,昆明特大暴雨造成库存的刺五加注射液被雨水浸泡。完达山药业公司云南销售人员张某从完达山药业公司调来包装标签,更换后销售;中国药品生物制品检定所、云南省食品药品检验所在被雨水浸泡药品的部分样品中检出多种细菌。此外,完达山药业公司包装标签管理存在严重缺陷。完达山药业公司管理人员质量意识淡薄,包装标签管理不严,提供包装标签说明书给销售人员在厂外重新贴签包装。

案例二:药品贮存不当案

2007 年,沈阳市食品药品监督管理局检查时发现,某药品代理商在自家住宅贮存药品 10 余种、20 余件,多种药品紧密地堆放在厨房,旁边就是水池,还有 3 种药品竟然堆放在卫生间内。还有个药品代理商将 10 余种药品堆放在一个破旧仓库内,执法人员发现这里没有填仓板等隔离方法,无防虫防鼠等措施,更没有冰箱、空调、暖气等调节温湿度的设施设备,屋内凌乱不堪,墙上挂蛛灰,墙皮脱落,墙角还有一汪水,这里存放的药品质量岂能让人放心?

结合上述案例,查阅相关资料,回答下列问题:

(一)申请 GSP 认证的药品经营企业,应具有什么条件?

答:申请 GSP 认证的药品经营企业,应符合以下条件:

(1)属于以下情形之一的药品经营单位:

具有企业法人资格的药品经营企业;

非专营药品的企业法人下属的药品经营企业;

不具有企业法人资格且无上级主管单位承担质量管理责任的药品经营实体。

(2)具有依法领取的《药品经营许可证》和《企业法人营业执照》或《营业执照》。

(3)企业经过内部评审,基本符合《药品经营质量管理规范》及其实施细则规定的条件和要求。

(4)在申请认证前 12 个月内,企业没有因违规经营造成的经销假劣药品问题(以药品监督管理部门给予行政处罚的日期为准)。

(二)申请 GSP 认证的药品经营企业应提交什么资料?

答：申请GSP认证的药品经营企业，应填报《药品经营质量管理规范认证申请书》，同时报送以下资料：

(1)《药品经营许可证》和营业执照复印件；

(2) 企业实施《药品经营质量管理规范》情况的自查报告；

(3) 企业非违规经销假劣药品问题的说明及有效的证明文件；

(4) 企业负责人员和质量管理人员情况表；企业药品验收、养护人员情况表；

(5) 企业经营场所、仓储、验收养护等设施、设备情况表；

(6) 企业所属非法人分支机构情况表；

(7) 企业药品经营质量管理制度目录；

(8) 企业质量管理组织、机构的设置与职能框图；

(9) 企业经营场所和仓库的平面布局图。

企业填报的《药品经营质量管理规范认证申请书》及上述相关资料，应按规定做到翔实和准确。企业不得隐瞒、谎报、漏报，否则将驳回认证申请、中止认证现场检查或判定其认证不合格。

(三) 开办药品经营必须具备的条件有哪些？

答：(1) 具有依法经过资格认定的药学技术人员；

(2) 具有与所经营药品相适应的营业场所、设备、仓储设施、卫生环境；

(3) 具有与所经营药品相适应的质量管理机构或者人员；

(4) 具有保证所经营药品质量的规章制度。

(四) 药品经营企业购进药品应注意什么？

答：(1) 合法企业所生产或经营的药品。

(2) 具有法定的质量标准。

(3) 国家未规定的以外，应有法定的批准文号和生产批号。进口药品应有符合规定的、加盖了供货单位质量检验机构原印章的《进口药品注册证》和《进口药品检验报告书》复印件。

(4) 包装和标识符合有关规定和储运要求。

(5) 中药材应标明产地。

(五) 药品质量验收的要求是什么？

答：(1) 严格按照法定标准和合同规定的质量条款对购进药品、销后退回药品的质量进行逐批验收。

(2) 验收时应同时对药品的包装、标签、说明书以及有关要求的证明或文件进行逐一检查。

(3) 验收抽取的样品应具有代表性。

(4) 验收应按有关规定做好验收记录。验收记录应保存至超过药品有效期一年，但不得少于三年。

(5) 验收首营品种，还应进行药品内在质量的检验。

(6) 验收应在符合规定的场所进行，在规定时限内完成。

(六) 如何进行抽样？

答：每批在50件以下抽取两件；每批在50件以上抽取两件，每增加50件多抽取一件，不足50件按50件计；每件从上、中、下不同方位抽取三个以上小包装。

(七) 验收的时限是什么？

答：一般药品应在到货后半个工作日内验收完毕，需冷藏药品应在到货后2h内验收完毕。

(八) 零售药品陈列有哪些要求？

答：(1) 药品与非药品、内服药与外用药应分开存放，易串味的药品与一般药品应分开存放。

（2）药品应根据其温湿度要求，按照规定的储存条件存放。
（3）处方药与非处方药应分柜摆放。
（4）特殊管理的药品应按照国家的有关规定存放。
（5）危险品不应陈列。如因需要必须陈列时，只能陈列代用品或空包装。危险品的储存应按国家有关规定管理和存放。
（6）拆零药品应集中存放于拆零专柜，并保留原包装的标签。
（7）中药饮片装斗前应做质量复核，不得错斗、串斗，防止混药。饮片斗前应写正名正字。

五、实训巩固任务

上网查询河北省通过 GSP 认证的药品经营企业有哪些？具备什么条件？

任务六　中药材生产质量管理规范（GAP）

一、实训目标

知识目标

掌握 GAP 对中药材生产的要求；了解我国 GAP 的发展和现状。

技能目标

在中药材生产阶段，根据 GAP 要求完成各项操作及记录的填写。

素质目标

培养学生认真、科学的从业精神，培养团队协作能力。

二、实训情景

1. 中药材 GAP 基地。
2. 具备互联网的仿真教室，学生分组查阅 GAP 相关资料。

三、相关知识

中药材生产质量管理规范，是以危害预防（HACCP）、良好卫生规范、可持续发展农业和持续改良农场体系为基础，避免在农产品生产过程中受到外来物质的严重污染和危害。GAP 包括从产前（如种子品质标准化）、产中（如生产技术管理各个环节标准化）到产后（如加工、贮运等标准化）的全过程，都要遵循规范，从而形成一套完整而有科学的管理体系。实施 GAP 的目的是规范中药材生产全过程，从源头上控制中药饮片，中成药及保健药品，保健食品的质量，并和国际接轨，以达到药材"真实、优质、稳定、可控"的目的。

GAP 内容：
第一章　总则
第二章　产地生态环境
第三章　种质和繁殖材料
第四章　栽培与养殖管理
第五章　采收与初加工

第六章　包装、运输与贮藏
第七章　质量管理
第八章　人员和设备
第九章　文件管理
第十章　附则

四、认识 GAP 实训过程

组织学生参观河北中药材 GAP 基地。

结合参观过程，查阅相关资料，回答下列问题。

（一）中药材产地的环境应符合什么标准？

答：空气应符合大气环境质量二级标准；土壤应符合土壤质量二级标准；灌溉水应符合农田灌溉水质量标准；药用动物饮用水应符合生活饮用水质量标准。

（二）对药用植物使用肥料有什么要求？

答：根据药用植物的营养特点及土壤的供肥能力，确定施肥种类、时间和数量，施用肥料的种类以有机肥为主，根据不同药用植物物种生长发育的需要有限度地使用化学肥料。允许施用经充分腐熟达到无害化卫生标准的农家肥。禁止施用城市生活垃圾、工业垃圾及医院垃圾和粪便。

（三）对包装材料有什么要求？

答：所使用的包装材料应是清洁、干燥、无污染、无破损，并符合药材质量要求的。在每件药材包装上，应注明品名、规格、产地、批号、包装日期、生产单位，并附有质量合格的标志。易破碎的药材应使用坚固的箱盒包装；毒性、麻醉性、贵细药材应使用特殊包装，并应贴上相应的标记。

（四）质量管理部门的职责是什么？

答：（1）负责环境监测、卫生管理；

（2）负责生产资料、包装材料及药材的检验，并出具检验报告；

（3）负责制订培训计划，并监督实施；

（4）负责制订和管理质量文件，并对生产、包装、检验等各种原始记录进行管理。

（五）对中药材生产过程的记录有什么要求？

答：每种中药材的生产全过程均应详细记录，必要时可附照片或图像。记录应包括以下内容。

（1）种子、菌种和繁殖材料的来源。

（2）生产技术与过程：

① 药用植物播种的时间、数量及面积；育苗、移栽以及肥料的种类、施用时间、施用量、施用方法；农药中包括杀虫剂、杀菌剂及除莠剂的种类、施用量、施用时间和方法等。

② 药用动物养殖日志、周转计划、选配种记录、产仔或产卵记录、病例病志、死亡报告书、死亡登记表、检免疫统计表、饲料配合表、饲料消耗记录、谱系登记表、后裔鉴定表等。

③ 药用部分的采收时间、采收量、鲜重和加工、干燥、干燥减重、运输、贮藏等。

④ 气象资料及小气候的记录等。

⑤ 药材的质量评价：药材性状及各项检测的记录。

所有原始记录、生产计划及执行情况、合同及协议书等均应存档，至少保存 5 年。档案资料应由专人保管。

五、实训巩固任务

上网查询河北省通过 GAP 认证的中药材生产基地有哪些？具备什么条件？

项目四　认识药品生产质量管理规范（GMP）

一、实训目标

知识目标

掌握 GMP 对药物生产企业的要求；熟悉 GMP 认证工作内容；了解我国 GMP 的发展和现状。

技能目标

在药物生产过程中，根据 GMP 要求完成各项操作及记录的填写。

素质目标

培养学生认真、科学的从业精神，培养团队协作能力。

二、实训情景

1. 多媒体教室，具体展示案例的条件。
2. 具备互联网的仿真教室，学生分组查阅 GMP 相关资料。

三、相关知识

药品生产质量管理规范，是一套适用于制药、食品等行业的强制性标准，要求企业从原料、人员、设施设备、生产过程、包装运输、质量控制等方面按国家有关法规达到卫生质量要求，形成一套可操作的作业规范帮助企业改善企业卫生环境，及时发现生产过程中存在的问题，加以改善。实施 GMP 旨在规范药品生产质量管理，最大限度地降低药品生产过程中污染、交叉污染以及混淆、差错等风险，确保持续稳定地生产出符合预定用途和注册要求的药品。

GMP 内容：

第一章　总则
第二章　质量管理
第三章　机构与人员
第四章　厂房与设施
第五章　设备
第六章　物料与产品
第七章　确认与验证
第八章　文件管理
第九章　生产管理
第十章　质量控制与质量保证
第十一章　委托生产与委托检验
第十二章　产品发运与召回

第十三章　自检
第十四章　附则

四、认识 GMP 实训过程

案例：华联药厂甲氨蝶呤事故

2007年8月，国家药品不良反应监测中心，分别接到上海、广西、北京、安徽、河北、河南等地的报告反映，部分医院在使用上海华联制药厂部分批号的鞘内注射用甲氨蝶呤和阿糖胞苷后，一些白血病患者出现行走困难等神经损害症状。

甲氨蝶呤，主要用于急性白血病、骨肉瘤等肿瘤治疗。盐酸阿糖胞苷，也是治疗白血病最常用的药物之一。

国务院指示卫生部和国家药监局联合成立工作组，与上海市卫生和药监部门，共同对上海华联制药厂有关药品的生产、运输、储藏、使用等各个环节存在的问题开展深入调查。同时，国家药监局和卫生部先后数次联合发出通知，暂停生产、销售和使用上海华联制药厂部分批号的甲氨蝶呤和阿糖胞苷。

9月5日，卫生部和国家药监局再次发出通知，暂停生产、销售和使用该厂所有批号的注射用甲氨蝶呤和阿糖胞苷（均为冻干粉针剂）。

其后查明此次事件的原因为：华联制药厂在生产过程中，现场操作人员将硫酸长春新碱尾液，混于注射用甲氨蝶呤及盐酸阿糖胞苷等批号的药品中，导致了多个批次的药品被污染；华联制药厂有关责任人在前期的卫生部与国家药监局联合调查组调查期间，以及后期的公安机关侦察中，有组织地隐瞒违规生产的事实。

结合上述案例，查阅相关资料，回答下列问题。

（一）开办药品生产企业，应具备什么条件？

答：(1) 具有依法经过资格认定的药学技术人员、工程技术人员及相应的技术工人；

(2) 具有与其药品生产相适应的厂房、设施和卫生环境；

(3) 具有能对所生产药品进行质量管理和质量检验的机构、人员以及必要的仪器设备；

(4) 具有保证药品质量的规章制度。

（二）新版 GMP 与旧版相比具有什么特点？

答：(1) 加强了药品生产质量管理体系建设，大幅提高了对企业质量管理软件方面的要求。细化了对构建实用、有效质量管理体系的要求，强化了药品生产关键环节的控制和管理，以促进企业质量管理水平的提高。

(2) 全面强化了从业人员的素质要求。增加了对从事药品生产质量管理人员素质要求的条款和内容，进一步明确职责。如，新版药品 GMP 明确药品生产企业的关键人员包括企业负责人、生产管理负责人、质量管理负责人、质量受权人等必须具有的资质和应履行的职责。

(3) 细化了操作规程、生产记录等文件管理规定，增加了指导性和可操作性。

(4) 进一步完善了药品安全保障措施。引入了质量风险管理的概念，在原辅料采购、生产工艺变更、操作中的偏差处理、发现问题的调查和纠正、上市后药品质量的监控等方面，增加了供应商审计、变更控制、纠正和预防措施、产品质量回顾分析等新制度和措施，对各个环节可能出现的风险进行管理和控制，主动防范质量事故的发生。提高了无菌制剂生产环境标准，增加了生产环境在线监测要求，提高了无菌药品的质量保证水平。

（三）GMP 对药品生产质量管理的基本要求有些什么？

答：(1) 制定生产工艺，系统地回顾并证明其可持续稳定地生产出符合要求的产品。

(2) 生产工艺及其重大变更均经过验证。

（3）配备所需的资源，至少包括：具有适当的资质并经培训合格的人员；足够的厂房和空间；适用的设备和维修保障；正确的原辅料、包装材料和标签；经批准的工艺规程和操作规程；适当的贮运条件。

（4）应当使用准确、易懂的语言制定操作规程。

（5）操作人员经过培训，能够按照操作规程正确操作。

（6）生产全过程应当有记录，偏差均经过调查并记录。

（7）批记录和发运记录应当能够追溯批产品的完整历史，并妥善保存、便于查阅。

（8）降低药品发运过程中的质量风险。

（9）建立药品召回系统，确保能够召回任何一批已发运销售的产品。

（10）调查导致药品投诉和质量缺陷的原因，并采取措施，防止类似质量缺陷再次发生。

（四）GMP中对于质量控制有什么基本要求？

答：（1）应当配备适当的设施、设备、仪器和经过培训的人员，有效、可靠地完成所有质量控制的相关活动。

（2）应当有批准的操作规程，用于原辅料、包装材料、中间产品、待包装产品和成品的取样、检查、检验以及产品的稳定性考察，必要时进行环境监测，以确保符合本规范的要求。

（3）由经授权的人员按照规定的方法对原辅料、包装材料、中间产品、待包装产品和成品取样。

（4）检验方法应当经过验证或确认。

（5）取样、检查、检验应当有记录，偏差应当经过调查并记录。

（6）物料、中间产品、待包装产品和成品必须按照质量标准进行检查和检验，并有记录。

（7）物料和最终包装的成品应当有足够的留样，以备必要的检查或检验；除最终包装容器过大的成品外，成品的留样包装应当与最终包装相同。

（五）药品GMP认证工作流程是什么？

答：（1）申报企业到省局受理大厅提交认证申请和申报材料。

相关材料：

① 药品GMP认证申请书（一式四份）。

② GMP认证之《药品生产企业许可证》和《营业执照》复印件。

③ GMP认证之药品生产管理和质量管理自查情况。

④ GMP认证之药品生产企业组织机构图。

⑤ 药品生产企业负责人、部门负责人简历；依法经过资格认定的药学及相关专业技术人员、工程技术人员、技术工人登记表，并标明所在部门及岗位；高、中、初级技术人员占全体员工的比例情况表。

⑥ GMP认证之药品生产企业生产范围剂型和品种表。

⑦ GMP认证之药品生产企业周围环境图、总平面布置图、仓储平面布置图、质量检验场所平面布置图（含动物室）。

⑧ GMP认证之药品生产车间概况及工艺布局平面图。

⑨ GMP认证之申请认证型或品种的工艺流程图，并注明主要过程控制点及控制项目。

⑩ GMP认证之药品生产企业（车间）的关键工序、主要设备、制水系统及空气净化系统的验证情况；检验仪器、仪表、衡器校验情况。

⑪ GMP认证之检验仪器、仪表、量具、衡器校验情况。

⑫ GMP认证之药品生产企业（车间）生产管理、质量管理文件目录。

⑬ GMP 认证之企业符合消防和环保要求的证明文件。

（2）省局药品安全监管处对申报材料形式审查（5个工作日）。

（3）认证中心对申报材料进行技术审查（10个工作日）。

（4）认证中心制订现场检查方案（10个工作日）。

（5）省局审批方案（10个工作日）。

（6）认证中心组织实施认证现场检查（10个工作日）。

（7）认证中心对现场检查报告进行初审（10个工作日）。

（8）省局对认证初审意见进行审批（10个工作日）。

（9）报国家局发布审查公告（10个工作日）。

五、实训巩固任务

上网查询河北省通过 GMP 认证的药品生产企业有哪些？具备什么条件？

项目五　GMP之机构人员实务

>>> 任务一　药品生产企业组织机构图解析

一、实训目标

知识目标

了解生产企业GMP机构设置的必要性；掌握设置组织机构的原则。

技能目标

根据GMP组织机构原则判断。

素质目标

培养学生对组织机构设置的清晰认识。

二、实训情景

1. 准备机构各层级的标签，学生分组识别机构示意图是否正确。
2. 模拟实训室，学生分组练习。

三、相关知识

1. 合理设置组织机构的必要性

组织机构是质量管理活动的载体，是质量体系存在及运行的物质基础。设立一个有效的组织机构对于保证质量管理战略计划的实施以及措施得到有效的落实是十分关键的。通过组织机构有效配置资源，保证组织内部的及时交流、明确地分配权利和责任，从而使得组织整体有条不紊地朝着战略成功方向运作。GMP组织合理与否是药品生产企业实施GMP的最基本保障。

2. 设置组织机构的原则

系统整体原则：这个原则要求药品生产企业的GMP组织应系统严密，结构完整，要素齐全。药品生产企业的组织系统应由决策层、职能管理层、执行层及监督层构成，在工作中要求集权、协调和高效。

权责对应原则：理论研究和实践经验都证明，权责不对应，对管理组织的效能损害极大，使组织难以正常高效运转。各部门要职责明确，权责对应，并要求用书面规程将各部门及其负责人的具体职责和权利都明确地记录下来，并照章严格执行。

统一指挥原则：建立在明确的权利系统上，采用一长负责制，时间少互相推诿的妙方。各职能部门只设一个负责人，不设副职，便于责任明确，统一指挥。

有效管理幅度原则：一个人能力无论多强，也只能有效地直接管理少数人，再由这少数人直接去管理下一层次的少数人,这样管理才能有效。管理幅度就是指一名上级主管人员直接管理的下级人数。企业根据具体的部门、工艺流程、岗位等选择合理的管理幅度将大大提高组织效率。

四、药品生产企业组织机构解析实训过程

图 5-1 是某药业公司的质量机构示意图,请判断该机构设置是否有误,如果有,请说明如何修改。

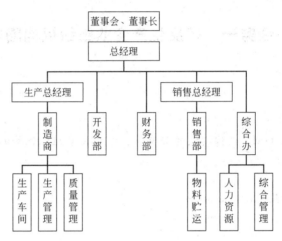

图 5-1　某药业公司的质量机构示意图

答:企业应当设立独立的质量管理部门,履行质量保证和质量控制的职责。质量管理部门不应设置在生产管理部门或其他部门之下。物料部门不应直接设置在销售部门之下,应独立设置。

五、实训巩固任务

人员机构设置的原则有哪些?
答:系统整体原则、权责对应原则、统一指挥原则、有效管理幅度原则。

▶▶▶ 任务二　提供药品生产企业各岗位人员 GMP 认证资料

一、实训目标

> **知识目标**
> 掌握组织机构各层级岗位的要求。
>
> **技能目标**
> 根据具体的岗位,描述相应的要求。
>
> **素质目标**
> 培养学生能对自己有明确的职业设定,按照相应的要求更好地规划学习。

二、实训情景

1. 提供实训内容的表格展示。
2. 具备投影的教室或者将表格书写在白纸上,学生分组练习。

三、相关知识

人员是药品生产的首要条件。药品生产企业应配备一定数量的与药品生产相适应的具有相应的专业知识、生产经验及工作能力,能正确履行其职责的管理人员和技术人员。

(1) 药品生产企业应建立生产和质量管理机构,各类机构和人员职责应明确,并配备一定数量的与药品生产相适应的具有专业知识和生产经验的管理人员和技术人员。其中,关键人员应当为企业的全职人员,至少应当包括企业负责人、生产管理负责人、质量管理负责人和质量受权人。

质量管理负责人和生产管理负责人不得互相兼任。质量管理负责人和质量受权人可以兼任。应当制订操作规程确保质量受权人独立履行职责,不受企业负责人和其他人员的干扰。

(2) 企业负责人是药品质量的主要责任人,全面负责企业日常管理。为确保企业实现质量目标并按照本规范要求生产药品,企业负责人应当负责提供必要的资源,合理计划、组织和协调,保证质量管理部门独立履行其职责。

(3) 药品生产管理部门的负责人和质量管理部门的负责人应具有药品、制药及相关专业本科以上学历,有药品生产和质量管理的实践经验,有能力对药品生产和质量管理中的实际问题作出正确的判断和处理。

(4) 质量受权人应当至少具有药学或相关专业本科学历(或中级专业技术职称或执业药师资格),具有至少五年从事药品生产和质量管理的实践经验,从事过药品生产过程控制和质量检验工作。质量受权人应当具有必要的专业理论知识,并经过与产品放行有关的培训,方能独立履行其职责。

(5) 直接从事药品生产操作和质量检验的人员应具有相关专业中专或高中以上文化程度,具有基础理论知识和实际操作技能。从事生产辅助性工作的人员应具有初中以上文化程度。

(6) 药品生产企业应制订人员培训计划,按本规范要求对从事药品生产的各类人员进行培训,经考核合格后方可上岗。对从事高生物活性、高毒性、强污染性、高致敏性及人畜共患病有关或有特殊要求的药品生产操作人员和质量检验人员,应经相应专业的技术培训。

(7) 质量检验人员应经省级药品监察所培训,经考核合格后持证上岗。质量检验负责人的任命和变更应报省级药品监察所备案。

四、提供 GMP 认证人员资料实训过程

(一) GMP 认证人员资料

1. 员工花名册

可再细分管理人员列表、质量管理人员列表、技术人员列表;内容包括编号、岗位、姓名、性别、出生年月、学历、毕业院校、专业、从业年限、职称、入职时间、备注。

2. 人事档案

个人简历(包括毕业院校、专业和工作经验、从业年限)、毕业证、职称证。

中干及以上的任免文件,总经理授权副总主管质量的授权委托书。

关键岗位资格证:化验员、锅炉工、电工、计量员、中药购销员。

主管质量的企业负责人、质量部门负责人、质量受权人、生产部门负责人要求有相关专业本科以上文化程度和一定工作经验,其他重要岗位包括 QA 主管、车间主任、中药采购等。

3. 健康档案

员工健康卡、历年县级以上单位健康体检证明（体检表、健康证等）。

体检结果异常处理情况证明、复岗体检合格证明。

注意：包括整个生产质量系统（生产、质量、库房、采购、动力、机修、行政后勤），容易漏掉清洁工、临时工、机修工、厨师等；生产质量系统每年至少体检一次，其他建议两年一次。

（二）下面是某药业公司的人员资质要求表，请根据岗位从下面选项中选择对应内容完成岗位要求描述。

	学历基本要求	经历基本要求
生产部门负责人		
质量部门负责人		
药品生产操作及质量检验人员		

答：

	学历基本要求	经历基本要求
生产部门负责人	药学或相关专业本科学历（或中级专业技术职称或执业药师资格）	具有至少三年从事药品生产和质量管理的实践经验，其中至少有一年的药品生产管理经验，接受过与所生产产品相关的专业知识培训
质量部门负责人	药学或相关专业本科学历（或中级专业技术职称或执业药师资格）	具有至少五年从事药品生产和质量管理的实践经验，其中至少一年的药品质量管理经验，接受过与所生产产品相关的专业知识培训
药品生产操作及质量检验人员	相关专业中专或高中以上学历	经过与所从事的检验操作相关的实践培训且通过考核

五、实训巩固任务

药品生产管理部门负责人可以兼任质量管理部门的负责人吗？

答：药品生产管理部门和质量管理部门负责人不得互相兼任，同时质量管理人员也不得将职责委托给其他部门的人员。

>>> 任务三 药品生产企业人员培训

一、实训目标

> **知识目标**
>
> 了解培训内容、体系、方法、评估方式；掌握培训内容。
>
> **技能目标**
>
> 根据岗位进行培训内容的设计。
>
> **素质目标**
>
> 培养学生对各岗位的熟悉，能明确地知道不同阶段有不同要求，有重点地进行相关内容的学习。

二、实训情景

1. 提供实训内容的表格展示。
2. 具备投影的教室或者将表格书写在白纸上，学生分组练习。

三、相关知识

参与药品生产和管理的人员素质，GMP 对此有明确要求。企业应当指定部门或专人负责培训管理工作，应当有经生产管理负责人或质量管理负责人审核或批准的培训方案或计划，培训记录应当予以保存。与药品生产、质量有关的所有人员都应当经过培训，培训的内容应当与岗位的要求相适应。除进行本规范理论和实践的培训外，还应当有相关法规、相应岗位的职责、技能的培训，并定期评估培训的实际效果。高风险操作区（如：高活性、高毒性、传染性、高致敏性物料的生产区）的工作人员应当接受专门的培训。只有一定素质的人员，才能按 GMP 要求进行生产和管理，才能随时发现企业硬件和软件方面存在的各种问题。产品质量取决于全体人员的责任，因此企业必须健全从决策层到作业层的人员培训教育制度。

1. 培训原则

（1）战略原则　企业要具有战略眼光从长远发展考虑 GMP 的实施，在培训方面投入足够的人力、物力和财力。

（2）层次原则　药品生产企业进行 GMP 的有效运作，需要不同层次的人员组成团队。盲目的追求人员的高素质或是空谈，或是资源的浪费，需要通过多层次分级培训来实现效率。

（3）实用原则　GMP 的培训与普通的药事管理知识教育根本区别在于它特别强调针对性和时间性。在 GMP 实施过程中，企业需要什么、员工缺什么，就要针对性的培训什么。

（4）全员原则　GMP 的实施是全员全方位的，一方面要求企业有计划、有步骤地对所有的在职员工进行培训；另一方面，要分清主次先后和轻重缓急，进行规划，根据不同的对象选择不同的培训内容和方式，既考虑个体素质的提高，也考虑群体功能优化。

2. 培训体系

（1）培训机构　药品生产企业要有完整的教育机构，机构可以设在企业的人事管理部门，也可以成立独立的部门。

（2）培训师资　GMP 培训工作一定要有一个良好、稳定的师资队伍，师资无论从企业外还是从本单位聘请的，一旦为员工认同，最好不要频繁更换。师资应有相当的业务基础，经过较高一级的培训，有一定的教学经验。

（3）培训计划　企业应当把 GMP 培训工作看做是一项关系到企业命运、前途的战略性工作来对待，作为长期活动的内容，建立起有效的培训制度，制订科学完整的培训大纲和计划，包括培训内容和课程设置，经有关部门批准后坚决严格地执行。

（4）培训内容　对于员工的 GMP 培训内容一定要丰富多彩，可以派骨干参加 GMP 培训班、选送员工到大专院校学习专业知识、请 GMP 专家举办知识讲座，内容要从他们身边的具体事例入手，生动活泼。

（5）培训形式　培训形式要针对不同人群，分层次进行，如高层次培训有出国留学、攻读研究生、第二学位等；中等层次培训，如脱产学习、进修等；低层次培训，可经常进行，不脱岗且相对集中，一般以不定期学习为主。

（6）培训考核　药品生产企业要建立 GMP 培训卡和培训档案，并归档保存，每次培训结束，都要进行考核，考核不合格者，应下岗再培训，直至合格。

3. 培训内容

（1）一般员工培训　GMP基础知识培训，如学习理解实施GMP的意义，了解实施GMP的目标、方法、要求，对重大的质量事故进行分析。卫生培训，GMP对个人卫生的要求、对各种生产环境的卫生要求，以及操作要求等。岗位培训及安全操作培训，重点是熟悉本岗位工艺规程、岗位操作法及安全防护知识等。

（2）专业人员培训　对设计、工艺管理岗位人员进行GMP系统专业知识的培训；派员工参加企业外部的各类GMP培训班、研讨班；请GMP方面的专家到企业讲课、咨询等。

4. 培训方法

（1）讲授法　教师讲，学员听。以单项沟通为主，学员处于被动地位，如请外单位老师介绍国外药事法规尤其是GMP的概括等，以扩大员工视野和知识面，这种培训并不以直接解决企业集体问题为目的。

（2）讨论法　以讨论的形式来达到传授知识和技能的目的，讨论是否热烈、深入，有赖于教师的引导及学员的素质和兴趣。

（3）案例法　针对某种情况，就起状况的原因进行分析、讨论，并提出解决方法。

（4）视听法　利用幻灯片、电影、录像教学等，可交替使用。

（5）实际作业和竞赛法　实际作业法是指受训者一边进行作业，同时还接受教员的指导和纠正的培训方法，这种方法实用性强，效果较好，但只适用于基层操作人员。

5. 培训考核

培训结束后，应该进行评估和追踪。首先，在课程刚结束时，通过员工对课程内容授课方式、培训指导者等的评价来评估课程质量；其次，通过考试、讨论、实地操作等方法进行考核；最后，通过公司日常的考核观察受训员工的行为改变程度，或者是相关部门、同事的评价来确认培训的效果。建立企业和个人的培训档案，包括人员的基本情况和考核成绩，根据考核结果随时调整培训计划。

四、药品生产企业人员培训实训过程

（一）提供药品生产企业人员培训档案

1. 公司培训档案

年度培训计划、培训实施情况（培训台账）。

每次培训签到表和培训教材（若为书本或文件可不收集）。

培训空白考卷（考试可为培训一次考一次，也可为培训一阶段考核一次，但文件培训必须在其生效日期前完成）。

2. 个人培训档案

员工培训卡、考核试卷或其他方式的培训效果评价记录。

外出培训总结、证明。

培训合格上岗证明、不合格调岗证明。

每人一档，企业分层次对全员培训。容易遗漏总经理、清洁工、机修工等。

具体岗位培训要求可参见《年度培训计划》样本。

（二）请为某药业公司从事各级岗位的人员选择对应的培训内容：

培训对象	培训内容
生产人员	
质量人员	
管理人员	

答:

培训对象	培训内容
生产人员	专业技术、岗位文件、制剂理论基础、实际操作以及安全生产等内容
质量人员	药品相关法规、专业知识及相关 SOP 等内容
管理人员	药品管理法律法规;国家药品管理法律规范及其发展变更

五、实训巩固任务

对维修、辅助人员有必要进行卫生学和微生物学基础知识、洁净作业方面的培训吗?

答:进入洁净区内生产操作人员及管理人员(包括维修工、辅助人员)按各部门的年度培训计划进行卫生学和微生物学基础知识、洁净作业方面的培训。

项目六　GMP之厂房、设施、设备实务

>>> 任务一　制药生产企业参观——厂址选择

一、实训目标

知识目标

了解GMP对制药企业厂址选择的要求，掌握GMP对厂房建造、改造和维护的要求。

技能目标

通过参观培养学生对制药生产企业总体布置的观察分析能力，能判断厂址选择是否符合GMP要求。

素质目标

培养学生认真、细致的从业精神，对于制药企业的选址，要严格按照GMP中的有关规定慎重筛选，厂址选择合理与否直接关系到今后药品生产质量。培养学生严谨的科学态度。

二、实训情景

1. 提前联系好制药生产企业，校内指导教师带学生到该企业参观，企业指导教师适时予以指导。

2. 学生分组观察企业周边环境及布局，及时记录和拍摄厂区附近相关图片，回答老师提出的相关问题。

三、相关知识

《药品生产质量管理规范（2010年修订）》第四章　厂房与设施

第三十八条　厂房的选址、设计、布局、建造、改造和维护必须符合药品生产要求，应当能够最大限度地避免污染、交叉污染、混淆和差错，便于清洁、操作和维护。

第三十九条　应当根据厂房及生产防护措施综合考虑选址，厂房所处的环境应当能够最大限度地降低物料或产品遭受污染的风险。

厂址选择是根据拟建工程项目所必须具备的条件，结合制药工业的特点，在拟建地区范围内，进行详尽的调查和勘测，并通过多方案比较，提出推荐方案，编制厂址选择报告，经上级主管部门批准后，即可确定厂址的具体位置。

厂房的选址、设计、布局、建造、改造和维护必须符合药品生产要求，应当根据厂房及生产防护措施综合考虑选址，厂房所处的环境应当能够最大限度地降低物料或产品遭受污染的风险。

制药厂因厂址选择不当、三废不能治理而被迫关停或限期停产治理或限期搬移的例子很多，其结果是造成人力、物力和财力的严重损失。因此，在厂址选择时，必须采取科学、慎重的态度，认真调查研究，确定适宜的厂址。

厂址选择的基本原则：
① 贯彻执行国家的方针政策；
② 正确处理各种关系；
③ 充分考虑环境保护和综合利用；
④ 节约用地；
⑤ 具备基本的生产条件。

药品是一种防治人类疾病、增强人体体质的特殊产品，其质量好坏直接关系到人体健康、药效和安全。为保证药品质量，药品生产必须符合GMP的规定，在严格控制的洁净环境中生产。因此，选择厂址时必须充分考虑药厂对环境因素的特殊要求。

工业区应设在城镇常年主导风向的下风向，但考虑到药品生产对环境的特殊要求，药厂厂址应设在工业区的上风位置，厂址周围应有良好的卫生环境，无有害气体、粉尘等污染源，也要远离车站、码头等人流、物流比较密集的区域。

四、厂址选择实训过程

参观过程中要求学生仔细观察厂区环境及布局。

（一）该厂区位于本市市区哪个方向？主要根据什么选择？

参考答案：根据具体所参观的制药企业位置合理解答，厂区的位置主要依据：①国家的方针政策以及地方政府的规划，如一般制药企业位置多位于地方规划的高新发展区，如石药工业园、华药新制剂公司等均位于石家庄统一规划的开发区；②利于环境保护和综合利用；③厂房所处的环境应当能够最大限度地降低物料或产品遭受污染的风险；④交通相对较便利，便于物品流通。

（二）厂区周围交通状况如何？主要交通路线有哪些？

参考答案：厂区周围交通相对便利，厂区周围距离主干路线相对较近，如某国道、开发区主干道、高速路口等，方便班车接送员工，同时利于物品流通。

（三）厂区周围环境及绿化情况如何？都有哪些绿化措施？有哪些植物？

参考答案：需要同学们认真观察周围绿化情况，一般以树木及草坪绿化居多，注意有无不利于制药生产的植物，如产生花粉的植物、产生柳絮、杨絮的树木等均不适宜。

（四）厂区附近有哪些其他企业？

参考答案：结合实地情况记录有哪些企业，如某制药企业、某食品生产企业等，观察有无对本制药企业有影响的企业。

五、实训巩固任务

仔细观察以下某制药厂规划效果图（图6-1、图6-2），分析其选址是否合理？为了保证选址符合要求，主要应从哪些方面考虑？

参考答案：选址合理，该厂区正门口紧邻公路，交通便利，厂区背靠山，周围绿地较多，环境良好，有利于环境的净化。

选址时主要应考虑：是否符合GMP相关规定；是否符合地方规划；交通状况是否便利；周围环境状况以及周围生产企业是否利于生产等。

图 6-1　厂区主入口效果图

图 6-2　厂区鸟瞰图

>>> 任务二　药品生产企业厂区布局解析

一、实训目标

> **知识目标**
>
> 　　了解药厂总体布局、车间设计及实施 GMP 的基本概况，掌握 GMP 对厂区总体布局及厂房建造、改造和维护的要求。
>
> **技能目标**
>
> 　　通过之前的参观及本次任务给出的厂区图片资料，能对制药生产企业的厂区布局进行分析比较，能判断厂区布置是否符合 GMP 要求。
>
> **素质目标**
>
> 　　培养学生综合分析能力，对于制药企业的布局，要严格按照 GMP 中的有关规定合理布置，厂区布局合理与否直接关系到药品生产质量及生产效率。进一步培养学生严谨的科学态度。

二、实训情景

1. 准备某些厂区布局图例及厂区内局部位置图片，学生分组观察厂区布局及厂区内局部图片。
2. 具备互联网的仿真教室，学生分组观察练习。

三、相关知识

《药品生产质量管理规范（2010年修订）》第四章　厂房与设施

第四十条　企业应当有整洁的生产环境；厂区的地面、路面及运输等不应当对药品的生产造成污染；生产、行政、生活和辅助区的总体布局应当合理，不得互相妨碍；厂区和厂房内的人、物流走向应当合理。

第四十一条　应当对厂房进行适当维护，并确保维修活动不影响药品的质量。应当按照详细的书面操作规程对厂房进行清洁或必要的消毒。

第四十二条　厂房应当有适当的照明、温度、湿度和通风，确保生产和贮存的产品质量以及相关设备性能不会直接或间接地受到影响。

第四十三条　厂房、设施的设计和安装应当能够有效防止昆虫或其他动物进入。应当采取必要的措施，避免所使用的灭鼠药、杀虫剂、烟熏剂等对设备、物料、产品造成污染。

第四十四条　应当采取适当措施，防止未经批准人员的进入。生产、贮存和质量控制区不应当作为非本区工作人员的直接通道。

第四十五条　应当保存厂房、公用设施、固定管道建造或改造后的竣工图纸。

另，GMP对于生产区、仓储区、质量控制区、辅助区均做了详细的规定，如下。

生　产　区

第四十六条　为降低污染和交叉污染的风险，厂房、生产设施和设备应当根据所生产药品的特性、工艺流程及相应洁净度级别要求合理设计、布局和使用，并符合下列要求：

（一）应当综合考虑药品的特性、工艺和预定用途等因素，确定厂房、生产设施和设备多产品共用的可行性，并有相应评估报告；

（二）生产特殊性质的药品，如高致敏性药品（如青霉素类）或生物制品（如卡介苗或其他用活性微生物制备而成的药品），必须采用专用和独立的厂房、生产设施和设备。青霉素类药品产尘量大的操作区域应当保持相对负压，排至室外的废气应当经过净化处理并符合要求，排风口应当远离其他空气净化系统的进风口；

（三）生产β-内酰胺结构类药品、性激素类避孕药品必须使用专用设施（如独立的空气净化系统）和设备，并与其他药品生产区严格分开；

（四）生产某些激素类、细胞毒性类、高活性化学药品应当使用专用设施（如独立的空气净化系统）和设备；特殊情况下，如采取特别防护措施并经过必要的验证，上述药品制剂则可通过阶段性生产方式共用同一生产设施和设备；

（五）用于上述第（二）、（三）、（四）项的空气净化系统，其排风应当经过净化处理；

（六）药品生产厂房不得用于生产对药品质量有不利影响的非药用产品。

第四十七条　生产区和贮存区应当有足够的空间，确保有序地存放设备、物料、中间产品、待包装产品和成品，避免不同产品或物料的混淆、交叉污染，避免生产或质量控制操作发生遗漏或差错。

第四十八条　应当根据药品品种、生产操作要求及外部环境状况等配置空调净化系统，使生产区有效通风，并有温度、湿度控制和空气净化过滤，保证药品的生产环境符合要求。

洁净区与非洁净区之间、不同级别洁净区之间的压差应当不低于10帕斯卡。必要时，相同洁净度级别的不同功能区域（操作间）之间也应当保持适当的压差梯度。

口服液体和固体制剂、腔道用药（含直肠用药）、表皮外用药品等非无菌制剂生产的暴露工序区域及其直接接触药品的包装材料最终处理的暴露工序区域，应当参照"无菌药品"附录中 D 级洁净区的要求设置，企业可根据产品的标准和特性对该区域采取适当的微生物监控措施。

第四十九条　洁净区的内表面（墙壁、地面、天棚）应当平整光滑、无裂缝、接口严密、无颗粒物脱落，避免积尘，便于有效清洁，必要时应当进行消毒。

第五十条　各种管道、照明设施、风口和其他公用设施的设计和安装应当避免出现不易清洁的部位，应当尽可能在生产区外部对其进行维护。

第五十一条　排水设施应当大小适宜，并安装防止倒灌的装置。应当尽可能避免明沟排水；不可避免时，明沟宜浅，以方便清洁和消毒。

第五十二条　制剂的原辅料称量通常应当在专门设计的称量室内进行。

第五十三条　产尘操作间（如干燥物料或产品的取样、称量、混合、包装等操作间）应当保持相对负压或采取专门的措施，防止粉尘扩散、避免交叉污染并便于清洁。

第五十四条　用于药品包装的厂房或区域应当合理设计和布局，以避免混淆或交叉污染。如同一区域内有数条包装线，应当有隔离措施。

第五十五条　生产区应当有适度的照明，目视操作区域的照明应当满足操作要求。

第五十六条　生产区内可设中间控制区域，但中间控制操作不得给药品带来质量风险。

仓 储 区

第五十七条　仓储区应当有足够的空间，确保有序存放待验、合格、不合格、退货或召回的原辅料、包装材料、中间产品、待包装产品和成品等各类物料和产品。

第五十八条　仓储区的设计和建造应当确保良好的仓储条件，并有通风和照明设施。仓储区应当能够满足物料或产品的贮存条件（如温湿度、避光）和安全贮存的要求，并进行检查和监控。

第五十九条　高活性的物料或产品以及印刷包装材料应当贮存于安全的区域。

第六十条　接收、发放和发运区域应当能够保护物料、产品免受外界天气（如雨、雪）的影响。接收区的布局和设施应当能够确保到货物料在进入仓储区前可对外包装进行必要的清洁。

第六十一条　如采用单独的隔离区域贮存待验物料，待验区应当有醒目的标识，且只限于经批准的人员出入。

不合格、退货或召回的物料或产品应当隔离存放。

如果采用其他方法替代物理隔离，则该方法应当具有同等的安全性。

第六十二条　通常应当有单独的物料取样区。取样区的空气洁净度级别应当与生产要求一致。如在其他区域或采用其他方式取样，应当能够防止污染或交叉污染。

质量控制区

第六十三条　质量控制实验室通常应当与生产区分开。生物检定、微生物和放射性同位素的实验室还应当彼此分开。

第六十四条　实验室的设计应当确保其适用于预定的用途，并能够避免混淆和交叉污染，应当有足够的区域用于样品处置、留样和稳定性考察样品的存放以及记录的保存。

第六十五条　必要时，应当设置专门的仪器室，使灵敏度高的仪器免受静电、震动、潮湿或其他外界因素的干扰。

第六十六条　处理生物样品或放射性样品等特殊物品的实验室应当符合国家的有关要求。

第六十七条　实验动物房应当与其他区域严格分开，其设计、建造应当符合国家有关规定，并设有独立的空气处理设施以及动物的专用通道。

辅 助 区

第六十八条　休息室的设置不应当对生产区、仓储区和质量控制区造成不良影响。

第六十九条 更衣室和盥洗室应当方便人员进出,并与使用人数相适应。盥洗室不得与生产区和仓储区直接相通。

第七十条 维修间应当尽可能远离生产区。存放在洁净区内的维修用备件和工具,应当放置在专门的房间或工具柜中。

厂区总体布局除应符合国家有关工业企业总体设计原则外,并应满足环境保护的要求,同时应防止交叉污染。

兼有原料药和制剂生产的药厂,原料药生产区应位于制剂生产区全年最大频率风向的下风侧。三废化处理、锅炉房等有严重污染的区域应置于厂的最大频率下风侧。

四、厂区布局实训过程

实例分析1:某制药企业厂区总体布局(图6-3)分析,说出该厂区布局的优缺点?

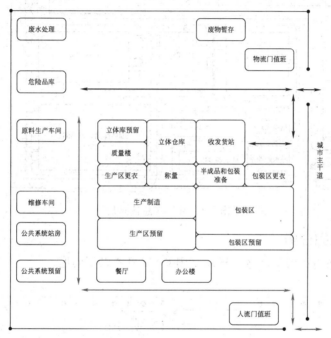

图6-3 某制药企业厂区总体布局

参考答案:

1. 设计优点

充分考虑该地区主导风向——东北风,将废水处理和化学车间布置在下风侧。

办公区、生活区、生产区分区布置。

厂区人流、物流无交叉污染。

建筑物周边,草坪绿化。

考虑了工厂未来发展预留。

2. 设计缺点

制剂车间靠近城市主干道区。

实例分析2:仔细观察图6-4,划分该厂区内的行政区、生活区及生产区和辅助区,分析厂区布局特点。

参考答案:办公楼处主要为行政区,单身宿舍、住宅楼与招待所为生活区,危险品库、库房、污水处理处、动物房等为辅助区域,该厂区布局合理,各区相互独立,互不妨碍,人流物流分开,符合GMP要求。

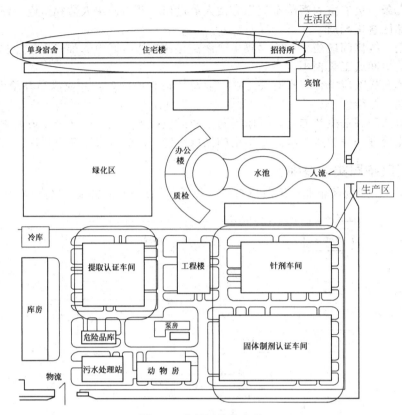

图 6-4　某厂区总体布局

五、实训巩固任务

（一）根据下面给出的某厂区布置图（图 6-5）思考以下问题。

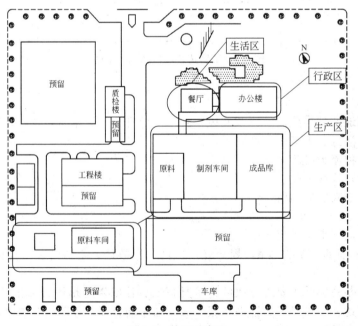

图 6-5　某厂区布置

1. 划分该厂区的行政区、生产区及生产辅助区。
2. 仔细观察该厂区布置图，看是否有不合理之处。

参考答案：（1）车库的位置不合理，车辆经过生产区到达车库过程中可能对药品的生产造成污染；（2）成品库与制剂车间距离太近，应不得互相妨碍。

（二）图 6-6 中用圈线标注的装置是哪类装置？起什么作用？

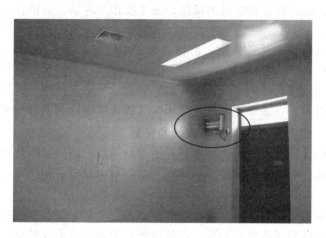

图 6-6　实训图

参考答案：此装置为杀虫灯，是厂区内为防止昆虫进入而安装的，其他如灭鼠药、杀虫剂、烟熏剂也可防止昆虫或动物入内，但应避免其对设备、物料、产品造成污染。

>>> 任务三　GMP 有关设施设备实务

一、实训目标

知识目标

掌握 GMP 对制药设施及设备的详细要求；熟悉制药设备使用注意事项；熟悉常用设备的维护。

技能目标

根据典型设备的操作要点及注意事项，能判断设备的规格型号是否符合 GMP 要求，会根据生产要求布置相应的设施及设备。

素质目标

培养学生严肃认真的工作精神，一丝不苟，严格按照设备操作规程操作，树立药品质量意识。培养学生分析问题解决问题的能力。

二、实训情景

1. 准备制药企业内常见的设备及设施图片和视频资料，学生分组识别和比对。
2. 具备互联网的仿真教室，学生分组练习、认识老师展示的设施或设备。

三、相关知识

药品生产工艺主要是以制药设备为支撑的，所选设备的规格型号除应满足生产基本要求之外，还应便于维修和清洁，我国《药品生产质量管理规范》（2010年修订）对制药设备进行了详细的规定和指导。

第七十一条 设备的设计、选型、安装、改造和维护必须符合预定用途，应当尽可能降低产生污染、交叉污染、混淆和差错的风险，便于操作、清洁、维护，以及必要时进行的消毒或灭菌。

第七十二条 应当建立设备使用、清洁、维护和维修的操作规程，并保存相应的操作记录。

第七十三条 应当建立并保存设备采购、安装、确认的文件和记录。

具体关于设计和安装、维护和维修、使用和清洁、校准以及制药用水规定如下。

设计和安装

第七十四条 生产设备不得对药品质量产生任何不利影响。与药品直接接触的生产设备表面应当平整、光洁、易清洗或消毒、耐腐蚀，不得与药品发生化学反应、吸附药品或向药品中释放物质。

第七十五条 应当配备有适当量程和精度的衡器、量具、仪器和仪表。

第七十六条 应当选择适当的清洗、清洁设备，并防止这类设备成为污染源。

第七十七条 设备所用的润滑剂、冷却剂等不得对药品或容器造成污染，应当尽可能使用食用级或级别相当的润滑剂。

第七十八条 生产用模具的采购、验收、保管、维护、发放及报废应当制定相应操作规程，设专人专柜保管，并有相应记录。

维护和维修

第七十九条 设备的维护和维修不得影响产品质量。

第八十条 应当制定设备的预防性维护计划和操作规程，设备的维护和维修应当有相应的记录。

第八十一条 经改造或重大维修的设备应当进行再确认，符合要求后方可用于生产。

使用和清洁

第八十二条 主要生产和检验设备都应当有明确的操作规程。

第八十三条 生产设备应当在确认的参数范围内使用。

第八十四条 应当按照详细规定的操作规程清洁生产设备。

生产设备清洁的操作规程应当规定具体而完整的清洁方法、清洁用设备或工具、清洁剂的名称和配制方法、去除前一批次标识的方法、保护已清洁设备在使用前免受污染的方法、已清洁设备最长的保存时限、使用前检查设备清洁状况的方法，使操作者能以可重现的、有效的方式对各类设备进行清洁。

如需拆装设备，还应当规定设备拆装的顺序和方法；如需对设备消毒或灭菌，还应当规定消毒或灭菌的具体方法、消毒剂的名称和配制方法。必要时，还应当规定设备生产结束至清洁前所允许的最长间隔时限。

第八十五条 已清洁的生产设备应当在清洁、干燥的条件下存放。

第八十六条 用于药品生产或检验的设备和仪器，应当有使用日志，记录内容包括使用、清洁、维护和维修情况以及日期、时间、所生产及检验的药品名称、规格和批号等。

第八十七条 生产设备应当有明显的状态标识，标明设备编号和内容物（如名称、规格、批号）；没有内容物的应当标明清洁状态。

第八十八条 不合格的设备如有可能应当搬出生产和质量控制区，未搬出前，应当有醒目的状态标识。

第八十九条 主要固定管道应当标明内容物名称和流向。

校 准

第九十条 应当按照操作规程和校准计划定期对生产和检验用衡器、量具、仪表、记录和控制设备以及仪器进行校准和检查，并保存相关记录。校准的量程范围应当涵盖实际生产和检验的使用范围。

第九十一条 应当确保生产和检验使用的关键衡器、量具、仪表、记录和控制设备以及仪器经过校准，所得出的数据准确、可靠。

第九十二条 应当使用计量标准器具进行校准，且所用计量标准器具应当符合国家有关规定。校准记录应当标明所用计量标准器具的名称、编号、校准有效期和计量合格证明编号，确保记录的可追溯性。

第九十三条 衡器、量具、仪表、用于记录和控制的设备以及仪器应当有明显的标识，标明其校准有效期。

第九十四条 不得使用未经校准、超过校准有效期、失准的衡器、量具、仪表以及用于记录和控制的设备、仪器。

第九十五条 在生产、包装、仓储过程中使用自动或电子设备的，应当按照操作规程定期进行校准和检查，确保其操作功能正常。校准和检查应当有相应的记录。

制 药 用 水

第九十六条 制药用水应当适合其用途，并符合《中华人民共和国药典》的质量标准及相关要求。制药用水至少应当采用饮用水。

第九十七条 水处理设备及其输送系统的设计、安装、运行和维护应当确保制药用水达到设定的质量标准。水处理设备的运行不得超出其设计能力。

第九十八条 纯化水、注射用水储罐和输送管道所用材料应当无毒、耐腐蚀；储罐的通气口应当安装不脱落纤维的疏水性除菌滤器；管道的设计和安装应当避免死角、盲管。

第九十九条 纯化水、注射用水的制备、贮存和分配应当能够防止微生物的滋生。纯化水可采用循环，注射用水可采用70℃以上保温循环。

第一百条 应当对制药用水及原水的水质进行定期监测，并有相应的记录。

第一百零一条 应当按照操作规程对纯化水、注射用水管道进行清洗消毒，并有相关记录。发现制药用水微生物污染达到警戒限度、纠偏限度时应当按照操作规程处理。

药品生产除需必备的制药设备外，还需要相关辅助设施如配电设施、照明设施、消防设施等，满足生产状态及其他公用工程所需，使药品生产达到GMP要求。

四、制药设施设备实训过程

多媒体展示图片或展示实物视频。

（一）观察图6-7中洁净车间内照明设施与家庭普通照明有何区别？该房间内还有哪些特殊装置或设施？

答：洁净室的照明灯为吸顶灯，便于清洁，家庭普通照明灯管可以悬吊，兼有照明和美观装饰作用。洁净室（区）的一般照明灯具宜明装，但不宜悬吊。采用吸顶安装时，灯具与顶棚接缝处应采用可靠密封措施。如需要采用嵌入顶棚安装时，除安装缝隙应可靠密封外，其灯具结构必须便于清扫，便于在顶棚下更换灯管及检修。灯具开关宜设在洁净室外。

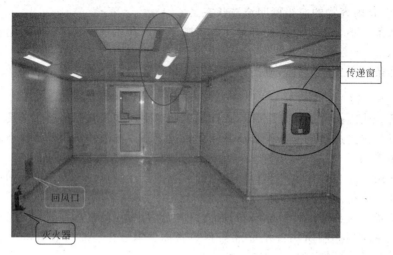

图 6-7　洁净车间

（二）图 6-8、图 6-9 所示为两种类型包衣锅，哪种更符合 GMP 要求？

图 6-8　荸荠型包衣锅　　　　　　　图 6-9　高效包衣机

答：高效包衣机更符合 GMP 要求，密封操作，无粉尘飞扬和喷液飞溅，效率高，同时一般多采用微电脑控制，便于操作和有利于劳动者保护。普通荸荠型包衣锅操作过程中暴露于空气，易污染。

（三）称量时常用的电子分析天平大致操作过程有哪些？注意事项有哪些？如何维护和保养？

答：GMP 中规定："应当按照操作规程和校准计划定期对生产和检验用衡器、量具、仪表、记录和控制设备以及仪器进行校准和检查，并保存相关记录。校准的量程范围应当涵盖实际生产和检验的使用范围"。

程序：

1. 使用操作

（1）接通电源，打开电源开关和天平开关，预热至少 30 分钟以上。也可于上班时预热至下班前关断电源，使天平处于稳定的预热状态。

（2）参数选择　预热完毕后，轻轻按一下天平面控制上的开关键，天平即开启，并显示 0.0000；按下开关键松手，直至出现 Int-x 后立即松开，并立即轻轻按一下即可选择积分时间，选择积分时间，选择挡为 1、2、3，一般选"2"挡；选好后，再按住开关不松开直到出现 Asd-x-后立即松开，并立即轻轻按动即可选择稳定度，选择挡为 1、2、off 三挡，一般选"2"挡。以上两参数选好后，如无必要可不再改变，每次开启后即执行选定参数。

（3）天平自检 电子天平（图 6-10）设有自检功能，进行自检时，天平显示"CAL…"稍待片刻，闪显"100"，此时应将天平自身配备的 100g 标准砝码轻推入，天平即开始自校，片刻后显示 100.0000，继后显"0"，此时应将 100g 标准砝码拉回，片刻后天平显示 00.0000；天平自检完毕，即可称量。

（4）放入被称物 将被称物预先放置使与天平室的温度一致（过冷、过热物品均不能放在天平内称量），必要时先用台式天平称出被称物大约重量。开启天平侧门，将被称物置于天平载物盘中央；放入被称物时应戴手套或用带橡皮套的镊子夹取，不应直接用手接触。并且必须轻拿轻放。

图 6-10 电子分析天平

（5）读数 天平自动显示被测物质的重量，等稳定后（显示屏左侧亮点消失）即可读数并记录。

（6）关闭天平，填写使用登记。

2. 注意事项

（1）电子分析天平不要放置在空调器下的边台上。搬动过的电子分析天平必须重新校正好水平，并对天平的计量性能作全面检查无误后才可使用。

（2）称取吸湿性、挥发性或腐蚀性物品时，应用称量瓶盖紧后称量，且尽量快速，注意不要将被称物（特别腐蚀性物品）洒落在称盘或底板上；称量完毕，被称物及时带离天平，并搞好称量室的卫生。

（3）同一个实验应使用同一台天平进行称量，以免因称量而产生误差。

3. 维护与保养

（1）分析天平应按计量部门规定定期校正，并有专人保管，负责维护保养。

（2）经常保持天平内部清洁，必要时用软毛刷或绸布抹净或用无水乙醇擦净。

（3）天平内应放置干燥剂，常用变色硅胶，应定期更换。

（4）称量不得超过天平的最大载荷。

五、实训巩固任务

（一）摇摆式制粒机（图 6-11）和快速混合制粒机（图 6-12）各有何优缺点？哪一个在 GMP 车间更常用？

参考答案：摇摆式制粒机用于制粒制备出的颗粒比较均匀，强度相对较好，生产过程运转平稳，筛网易调整和拆洗，但生产过程中需先用其他设备之软材，之后才能在摇摆式制粒机中制粒，且物料暴露于环境，易污染，目前在制剂车间主要用于整粒。

快速混合制粒机主要是将粉体物料与黏合剂在圆筒（锥形）容器中，由底部混合桨充分混合成湿润软材，然后由侧置的高速粉碎桨切割成均匀的湿颗粒，此制粒机能同时完成混合、制软材、制湿颗粒，制备效率高，用时短，相对于摇摆式制粒机制备的颗粒强度相对较弱，颗粒均匀度欠佳，有时需借助摇摆式制粒机进行整粒。

（二）图 6-13 为某制剂车间图片，请分析门口处布置的小牌的作用？

参考答案：GMP 车间洁净区内每个岗位所容纳的人数是有限的，主要是因为人员进入

图 6-11 摇摆式制粒机

图 6-12 快速混合制粒机

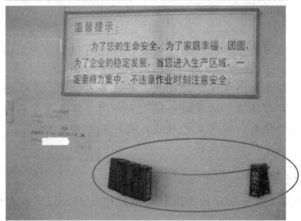

图 6-13 某制剂车间

得越多，产生污染的机会就会越大，所以，未经允许人员不得进入，具体由岗位生产性质以及房间大小决定，如注射剂的灌装、配液等关键岗位人员相对较少，在最大程度上避免了污染的机会，图 6-13 中所示的小牌由企业自行制作，每进去一个人员要拨过去一个牌，以便相关生产人员及检查人员直接了解已进入岗位内人数并确定能否进入。

（三）请按要求（设备操作规程）对制剂实训室内的压片机进行清洗和消毒，结束后挂设备状态牌（自制）。

参考答案：具体根据实际设备进行清洗和消毒，自制设备状态牌，如已清洁、已消毒、完好等状态牌，并标注操作人、日期、有效期至××等相应信息。

项目七　如何进出生产车间

>>> 任务一　人员如何进出药品生产车间

一、实训目标

知识目标

掌握人员进出洁净生产车间更衣、净化、消毒基本操作技能；熟悉人员进出一般生产区的更衣程序。

技能目标

根据生产车间洁净度级别，能熟练穿、脱不同洁净级别工作服，能按照洁净要求清洗手、脸、腕等部位，能对物料进行清洁。

素质目标

培养学生养成良好的职业道德，严谨的工作作风，科学的工作态度。

二、实训情景

1. 准备各种服装类：一般生产区工作服（帽）、鞋，洁净服，洁净工作鞋，无菌洁净服，无菌工作鞋，口罩，手套。
2. 仪器、设备：更衣柜，更鞋柜，感应烘干机，感应清洗消毒机，理衣镜。
3. 清洁剂：洗手液，纯化水，饮用水。
4. 消毒剂：75％乙醇溶液、0.2％新洁尔灭溶液。

三、相关知识

（一）2010版GMP有关卫生规定

1. 2010版GMP对人员卫生方面的规定

第二十九条　所有人员都应当接受卫生要求的培训，企业应当建立人员卫生操作规程，最大限度地降低人员对药品生产造成污染的风险。

第三十条　人员卫生操作规程应当包括与健康、卫生习惯及人员着装相关的内容。生产区和质量控制区的人员应当正确理解相关的人员卫生操作规程。企业应当采取措施确保人员卫生操作规程的执行。

第三十一条　企业应当对人员健康进行管理，并建立健康档案。直接接触药品的生产人员上岗前应当接受健康检查，以后每年至少进行一次健康检查。

第三十二条　企业应当采取适当措施，避免体表有伤口、患有传染病或其他可能污染药品疾病的人员从事直接接触药品的生产。

第三十三条 参观人员和未经培训的人员不得进入生产区和质量控制区,特殊情况确需进入的,应当事先对个人卫生、更衣等事项进行指导。

第三十四条 任何进入生产区的人员均应当按照规定更衣。工作服的选材、式样及穿戴方式应当与所从事的工作和空气洁净度级别要求相适应。

第三十五条 进入洁净生产区的人员不得化妆和佩戴饰物。

第三十六条 生产区、仓储区应当禁止吸烟和饮食,禁止存放食品、饮料、香烟和个人用药品等非生产用物品。

第三十七条 操作人员应当避免裸手直接接触药品、与药品直接接触的包装材料和设备表面。

2010版GMP附录 无菌药品

第二十三条 高标准的个人卫生要求极为重要。应指导从事无菌药品生产的员工随时报告任何可能导致污染的异常情况,包括污染的类型和程度。当员工由于健康状况可能导致微生物污染风险增大时,应由指定的人员采取适当的措施。

第二十五条 洁净区内不得佩戴手表和首饰,不得涂抹化妆品。

2. 2010版GMP对进入洁净生产车间人员监测方面的规定

第三十三条 参观人员和未经培训的人员不得进入生产区和质量控制区,特殊情况确需进入的,应当事先对个人卫生、更衣等事项进行指导。

2010版GMP附录 无菌药品

第二十条 洁净区内的人数应严加控制,检查和监督应尽可能在无菌生产的洁净区外进行。

3. 2010版GMP对洁净生产车间人员行为规范方面的规定

第三十七条 操作人员应当避免裸手直接接触药品、与药品直接接触的包装材料和设备的表面。

2010版GMP附录 无菌药品

第二十四条 更衣和洗手必须遵循相应的书面规程,以尽可能减少对洁净区的污染或将污染物带入洁净区。

4. 2010版GMP对洁净人员的着装和更衣方面的规定

第三十四条 任何进入生产区的人员均应当按照规定更衣。工作服的选材、式样及穿戴方式应与所从事的工作和空气洁净度级别要求相适应。

2010版GMP附录 无菌药品

第二十四条 更衣和洗手必须遵循相应的书面规程,以尽可能减少对洁净区的污染或将污染物带入洁净区。

第二十六条 工作服及其质量应与生产操作的要求及操作区的洁净度级别相适应,其式样和穿着方式应能满足保护产品和人员的要求。各洁净区的着装要求规定如下:

D级区:应将头发、胡须等相关部位遮盖。应穿合适的工作服和鞋子或鞋套。应采取适当措施,以避免带入洁净区外的污染物。

C级区:应将头发、胡须等相关部位遮盖,应戴口罩。应穿手腕处可收紧的连体服或衣裤分开的工作服,并穿适当的鞋子或鞋套。工作服应不脱落纤维或微粒。

A/B级区:应用头罩将所有头发以及胡须等相关部位全部遮盖,头罩应塞进衣领内,应戴口罩以防散发飞沫,必要时戴防护目镜。应戴经灭菌且无颗粒物(如滑石粉)散发的橡胶或塑料手套,穿经灭菌或消毒的脚套,裤腿应塞进脚套内,袖口应塞进手套内。工作服应为灭菌的连体工作服,不脱落纤维或微粒,并能滞留身体散发的微粒。

第二十七条 个人外衣不得带入通向B、C级区的更衣室。每位员工每次进入A/B级区,都应更换无菌工作服;或至少每班更换一次,但须用监测结果证明这种方法的可行性。操作期间应经常消毒手套,并在必要时更换口罩和手套。

第二十八条 洁净区所用工作服的清洗和处理方式应确保其不携带有污染物,不会污染洁净区。工作服的清洗、灭菌应遵循相关规程,并最好在单独设置的洗衣间内进行操作。

(二)卫生方面的相关知识

1. 无菌药品生产所需的洁净区分为 4 个级别

A 级:高风险操作区,如灌装区、放置胶塞桶和与无菌制剂直接接触的敞口包装容器的区域及无菌装配或连接操作的区域。

B 级:无菌配制和灌装等高风险操作 A 级洁净区所处的背景区域。

C 级和 D 级:无菌药品所处过程中重要程度较低操作步骤的洁净区。

2. 相关知识

洁净工作服:选用质地光滑、不产生静电、不脱落纤维和颗粒物的布料制成。

不同空气洁净度级别使用的工作服应当分别清洗、整理,必要时消毒或灭菌。工作服洗涤、灭菌时不应带入附加的颗粒物质,应当制订工作服清洗周期。工作服洗涤尽量不用固体洗涤剂,如洗衣粉类颗粒物质,防止污染环境。

四、药品生产人员进出生产车间实训过程

第一步:通过多媒体展示人员进出生产区的操作程序及六步洗手法(图 7-1),具体由实训教师负责。

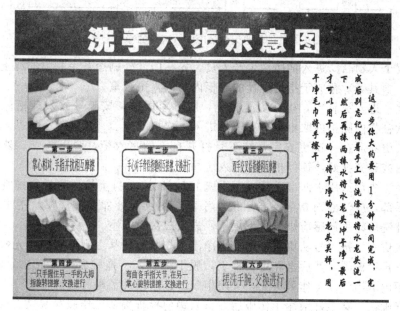

图 7-1 洗手六步示意图

六步洗手法

- 第一步:掌心相对,手指并拢相互摩擦。
- 第二步:手心对手背沿指缝相互搓擦,交换进行。
- 第三步:双手交叉沿指缝相互摩擦。
- 第四步:一手握另一手大拇指旋转搓擦,交换进行。
- 第五步:弯曲各手指关节,在另一手掌心旋转搓擦,交换进行。
- 第六步:搓洗手腕,交换进行。

第二步:讲解

1. 人员进出一般生产区更衣操作规程(图 7-2)

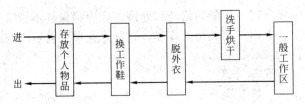

图 7-2 人员进出一般生产区更衣操作规程

(1) 工作人员进入一般生产区时,先将鞋擦干净,将雨具等存放好,同时将随身携带物品放入指定的存放柜中。

(2) 进入更鞋室更鞋。

(3) 按性别分别进入相应的更衣室,关好门,脱下外衣,挂在生活衣柜中,洗手、烘干后,先戴上工作帽,后穿上工作服,对镜检查,进入一般生产区。

(4) 人员出一般生产区按上述程序反向行之(不需洗手)。

2. 人员进出非无菌洁净室(区)的净化操作规程(图 7-3)

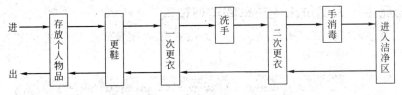

图 7-3 人员进出非无菌洁净室(区)的净化操作规程

(1) 存放个人物品 进入洁净区生产人员,先在门厅外刷净鞋上黏附的泥土杂物,将携带物品(包、雨具等)存放于指定位置的贮柜内,进入更鞋室。

(2) 更鞋 进入更鞋室,坐在更鞋柜上,脱下家居鞋,按工号放入鞋柜外侧柜内,转身。按工号从鞋柜内侧柜内取出拖鞋穿上,进入一次更衣室。

(3) 一次更衣 在一次更衣室,按工号打开自己的更衣柜,脱下外衣、外裤,叠放整齐,放入柜内或整齐挂好,锁好柜子,进入缓冲洗手室。

(4) 洗手 先用饮用水润湿手部(至手腕上 5cm 处),打上液体皂反复搓洗,使液体皂液泡沫涂满手部,应注意对指缝、指甲缝、手背、掌纹等处加强搓洗,饮用水冲净手部泡沫,纯化水淋洗后将手放感应烘干机下烘干,进入二次更衣室。

(5) 二次更衣 按工号从更衣柜内取出净洁工作服,按从上到下顺序,先戴口罩,穿上衣,戴帽子,再穿裤子,然后坐在更鞋柜上,脱下拖鞋,将拖鞋放入鞋柜外侧柜内,转身,从鞋柜内侧柜内取出洁净工作鞋穿上,关闭柜门。进入缓冲消毒间。

(6) 检查确认 穿戴好洁净工作服后在整衣镜前检查确认工作服穿戴是否合适。

注意:将头发完全包在帽内,不外露;上衣筒入裤腰,扣紧领口、袖口、裤腰、裤管口,内衣不得外露;口罩将口鼻完全遮盖。

(7) 手部消毒 将手放于感应清洗消毒机消毒口下,双手(至手腕上 5cm 处)均匀喷洒消毒液(0.1%新洁尔灭溶液或 75%酒精,每月更换)使全部润湿,晾干。

(8) 进入洁净区 经洁净走廊缓步进入各操作间。

(9) 离开洁净区 按进入洁净区的逆向顺序更衣(鞋)(不需洗手及手部消毒)。

3. 人员进出无菌洁净室(区)的净化操作规程(图 7-4)

(1) 存放个人物品 进入洁净区生产人员,先在门厅外刷净鞋上黏附的泥土杂物,将携带物品(包、雨具等)存放于指定位置的贮柜内,进入更鞋室。

(2) 更鞋 进入更鞋室,坐在更鞋柜上,脱下家居鞋,按工号放入鞋柜外侧柜内,转

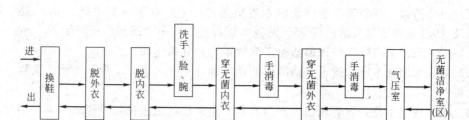

图 7-4 人员进出无菌洁净室（区）的净化操作规程

身。按工号从鞋柜内侧柜内取出拖鞋穿上，进入一次更衣室。

（3）一次更衣　在一次更衣室，按工号打开自己的更衣柜，脱下外衣、外裤及内衣，叠放整齐，放入柜内或整齐挂好，锁好柜子，进入缓冲洗手室（图 7-5）。

（4）洗手、洗脸、洗腕　先用饮用水润湿手部及手腕，打上液体皂反复搓洗，使液体皂液泡沫涂满手部，应注意对指缝、指甲缝、手背、手腕、掌纹等处加强搓洗，饮用水冲净手部泡沫，然后用手接饮用水润湿面、颈及耳部，打上液体皂仔细轻轻搓洗，应注意对眼、眉、鼻孔、耳廓、发际及颈部等处加强搓洗，再用纯化水淋洗无泡沫后（浴室沐浴后），无菌风吹干，进入二次更衣室。

（5）二次更衣　用手腕推开房门，进入二次更衣室，按工号从更衣柜内取出无菌内衣，按从上到下顺序，穿好无菌内衣，将手放于感应清洗消毒机消毒口下，双手及前臂均匀喷洒消毒液（0.1% 新洁尔灭溶液或 75% 酒精，每月更换）使全部润湿，消毒，晾干后按从上到下顺序穿无菌外衣，先戴口罩，穿上衣，戴帽子，再穿裤子，然后坐在更鞋柜上，脱下拖鞋，将拖鞋按工号放入鞋柜外侧柜内，转身，按工号从鞋柜内侧柜内取出无菌工作鞋穿上，关闭柜门。进入缓冲消毒间。

（6）检查确认　穿戴好无菌工作服后在整衣镜前检查确认工作服穿戴是否合适。

注意：将头发完全包在帽内，不外露；上衣筒入裤腰，扣紧领口、袖口、裤腰、裤管口，内衣不得外露；口罩将口鼻完全遮盖。

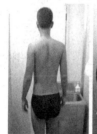
(a) 脱外衣

(b) 洗手、洗手臂、洗脸

(c) 手消毒

(d) 穿无菌袜套

(e) 戴无菌帽、穿无菌内衣

(f) 穿无菌内衣完毕

(g) 手消毒

(h) 戴无菌帽、无菌口罩

(i) 穿无菌外衣

(j) 戴无菌手套

(k) 手消毒

(l) 更衣完毕

图 7-5 人员进入无菌洁净室（区）的净化操作过程

(7) 手部消毒 将手放于感应清洗消毒机消毒口下，双手（至手腕上 5cm 处）均匀喷洒消毒液（0.1%新洁尔灭溶液或 75%酒精，每月更换）使全部润湿，晾干。

(8) 进入无菌洁净区 经无菌洁净走廊缓步进入各操作间。

(9) 离开无菌洁净区 按进入洁净区的逆向顺序更衣（鞋）（不需洗手、洗脸、洗腕及手部消毒）。

第三步：现场示范，以普通白大衣为教具，边操作，边讲授，模拟演示人员净化系统的更衣程序和过程。

第四步：学生按 4 人一组进行练习，2 人示范，2 人评判，然后互换进行。

第五步：随机请两位学生到讲台上做示范练习，其余学生做评判。

第六步：老师对本节课程进行点评总结。

五、实训巩固任务

教师故意做更衣、洗手错误程序及方法，由学生从中找错误并予以纠正。

1. 常见的更衣错误程序

(1) 更鞋时双脚跨过更鞋柜，然后脱下家居鞋穿上拖鞋。

(2) 洗手、洗脸、洗碗时只用饮用水冲，而未用纯化水冲洗。

(3) 二次更衣时顺序颠倒，按从下到上顺序穿无菌衣。

2. 常见的洗手错误程序

(1) 第一步接第三步。

(2) 第一步接第二步接第六步。

任务二 物料如何进出药品生产车间

一、实训目标

知识目标

掌握物料进出洁净生产车间（区）外包清洁、传运的基本操作技能；熟悉物料进出一般生产区的操作程序。

技能目标

根据生产车间洁净度级别，熟练掌握物料进出一般生产区操作程序，物料进入非无菌洁净室（区）的净化程序，物料进出不可灭菌产品生产区净化程序的操作技能。

素质目标

培养学生养成良好的职业道德，严谨的工作作风，科学的工作态度。

二、实训情景

1. 物料：净药材，空心胶囊（袋装），浸膏（桶装），中间产品（颗粒剂——内包装小袋；片剂/胶囊剂——铝塑板），成品药。

2. 清洁工具：吸尘器，清洁抹布，清洁盆/桶，剪刀，胶带。

3. 包装材料：塑料袋，编织袋。

三、相关知识

（一）2010版GMP有关物料规定

《药品生产质量管理规范》2010修订版相关要求如下。

第四十七条 生产区和贮存区应当有足够的空间，确保有序地存放设备、物料、中间产品、待包装产品和成品，避免不同产品或物料的混淆、交叉污染，避免生产或质量控制操作发生遗漏或差错。

第四十八条 应当根据药品品种、生产操作要求及外部环境状况等配置空调净化系统，使生产区有效通风，并有温度、湿度控制和空气净化过滤，保证药品的生产环境符合要求。

洁净区与非洁净区之间、不同级别洁净区之间的压差应不低于10帕斯卡。必要时，相同洁净度级别的不同功能区域（操作间）之间也应当保持适当的压差梯度。

口服液体和固体制剂、腔道用药（含直肠用药）、表皮外用药品等非无菌制剂生产的暴露工序区域及其直接接触药品的包装材料最终处理的暴露工序区域，应当参照"无菌药品"附录中D级洁净区的要求设置，企业可根据产品的标准和特性对该区域采取适当的微生物监控措施。

第四十九条 洁净区的内表面（墙壁、地面、天棚）应当平整光滑、无裂缝、接口严密、无颗粒物脱落，避免积尘，便于有效清洁，必要时应进行消毒。

第六十条 接收、发放和发运区域应当能够保护物料、产品免受外界天气（如雨、雪）的影响。接收区的布局和设施应当能够确保到货物料在进入仓储区前可对外包装进行必要的清洁。

第六十二条 通常应当有单独的物料取样区。取样区的空气洁净度级别应当与生产要求一致。如在其他区域或采用其他方式取样，应当能够防止污染或交叉污染。

第七十七条 设备所用的润滑剂、冷却剂等不得对药品或容器造成污染，应当尽可能使用食用级或级别相当的润滑剂。

第一百零二条 药品生产所用的原辅料、与药品直接接触的包装材料应当符合相应的质量标准，药品上直接印字所用油墨应当符合食用标准要求。

进口原辅料应当符合国家相关的进口管理规定。

第一百零三条 应当建立物料和产品的操作规程，确保物料和产品的正确接收、贮存、发放、使用和发运，防止污染、交叉污染、混淆和差错。

第一百零五条 物料和产品的运输应当能够满足其保证质量的要求，对运输有特殊要求的，其运输条件应当予以确认。

第一百零七条 物料接收和成品生产后应当及时按待验管理，直至放行。

第一百零八条 物料和产品应当根据其性质有序分批贮存和周转，发放及发运应当符合先进先出和近效期先出的原则。

第一百一十二条 仓储区内的原辅料应当有适当的标识，并至少标明下述内容：

（1）指定的物料名称和企业内部的物料代码；
（2）企业接收时设定的批号；
（3）物料质量状态（如待验、合格、不合格、已取样）；
（4）有效期或复验期。

第一百一十四条 原辅料应当按照有效期或复验期贮存。贮存期内，如发现对质量有不良影响的特殊情况，应当进行复验。

第一百一十七条 用于同一批药品生产的所有配料应当集中存放，并作好标识。

第一百一十八条 中间产品和待包装产品应当在适当的条件下贮存。

第一百一十九条 中间产品和待包装产品应有明确的标识，并至少标明下述内容：

(1) 产品名称和企业内部的产品代码；
(2) 产品批号；
(3) 数量或重量（如毛重、净重等）；
(4) 生产工序（必要时）；
(5) 产品质量状态（必要时，如待验、合格、不合格、已取样）。

(二) 物料管理方面相关知识

物料管理的重点在预防污染、混淆和差错，做好了物料管理工作物料方面产品防护也就做好了。要做好物料管理至少应做到以下几方面内容。

1. 物料采购
(1) 采购的原辅料符合药用要求；
(2) 使用的润滑剂应为食用级，并向供应商索要合法资质证明；
(3) 药品上印字油墨需为食用级，并向印字厂家索要油墨供应商的合法资质证明。

2. 物料的运输
(1) 物料运输过程中应该保护物料和产品避免受天气影响。
(2) 对不能冷冻或不耐高温的原辅料、对需避光的原辅料都要采取一定的运输方式，并建议采取必要的监控措施。
(3) 原辅料的包装材料必须符合国家标准或行业标准。
(4) 对原辅料的包材应根据原辅料的特性、重量、运输过程的受压、冲击和撞击来确定。

3. 物料的验收、入库
(1) 物料进入仓库后用科学规范的表示方法标记接收的物料，避免混药。
(2) 所有进厂物料均应有供应单位的合格检验报告单或合格证明。
(3) 物料按照类别、批号分库分区码放，做到五防，即防潮、防霉变、防火灾、防虫鼠、防污染。
(4) 仓库应按物料贮存条件设冷库、阴凉库、常温库等，并配置温湿度计。建议每天两次记录温湿度。冷库、阴凉库、常温库温湿度标准参见《中国药典》。
(5) 内包材与外包材分库或分区存放。液体物料贮存时应有防护措施。
(6) 产品包材应能防止药品变质，就需在药品包装时保持适当环境，防止受到物理的、化学的作用，以达到防潮、防氧化、防光线、防高温等目的。可采用防潮包装、密封包装、避光包装及充填惰性气体等。

4. 物料的取样
(1) 物料的取样环境需与生产的投料区洁净级别一致。
(2) 为防止取样时原辅料的污染，应严格按规定的程序取样。
(3) 取样室的必要设施要有单独的空调净化系统。
(4) 取样室应设置必要的洗手设施。
(5) 人流、物流分开设置，防止交叉。
(6) 存放取样器具的橱和清洁的（必要时经灭菌的）取样器具，说明某一容器已取过样的标识或封签，有启开和再行密封容器的工具。
(7) 活性成分物料的取样工具与非活性成分物料的取样工具要分开；不同类别活性成分物料的取样工具要分开，且取样工具要隔离存放于取样间内。
(8) 根据物料特性建立相应的取样工具清洁规程，并明确清洁后的有效期。
(9) 打开容器，取样，重新封口，防止其内容物受污染和其他成分、药品容器或密封件的污染。

5. 物料的使用

(1) 应制订物料领用、使用操作规程。内容应包括物料的贮存、发放、剩余、损坏物料的处理等。原料使用中有剩余时，要及时密封。

(2) 不同产品的操作不能同时或连续在同一个房间生产；在生产的各个阶段，产品和原料应避免受到微生物及其他污染物的污染。进入洁净区的物料应经净化处理。应通过适当的技术和管理来避免交叉污染。

(3) 灭鼠剂、杀虫剂、熏蒸剂和消毒剂不得污染起始物料、包材、中间控制物料或成品。

(4) 产品的包材应具有保护产品，方便使用，促进销售及利于贮运等特点。

(三) GMP 中与物料相关的知识

1. 概念

(1) 消毒与灭菌　消毒与灭菌是微生物实验技术中最基本的操作，从事药品生产和检验的人员都应当了解消毒与灭菌的方法及其意义，严格遵守操作规程，否则会影响产品质量，危害患者安全。

(2) 无菌——不存在活的生物（GMP 指南）"无菌"从定义上来说是一个绝对的概念，但遗憾的是，在科学和技术高度发展的今天，药品的绝对无菌既做不到，也无法加以证实。然而，无菌制剂的安全性要求人们设定无菌的相对标准。

(3) 灭菌——使达到无菌状态的方法（GMP 指南）　用物理或化学方法杀灭传播媒介上所有的微生物，使其达到无菌（GB）。通常是指杀灭或除去全部活的微生物（包括繁殖体和芽孢）。

(4) 消毒——用物理或化学方法杀灭或清除传播媒介上的病原微生物，使其达到无害化（GB）　通常是指杀死病原微生物的繁殖体，但不能破坏其芽孢。所以消毒是不彻底的，不能代替灭菌。

(5) 无菌制剂——不存在活的微生物的制剂（GMP 指南）。

(6) 非无菌制剂——所含活的微生物量符合卫生学标准的制剂（GMP 指南）。

2. 消毒剂常用量及用途

(1) 乙醇　70%～75%水溶液，供洗手用消毒。

(2) 0.5%洗必泰溶于70%乙醇，再加入2%甘油，用于皮肤、器具等消毒。

(3) 异丙醇75%水溶液　用于皮肤、器具等消毒。

(4) 甲醛　37%～40%甲醛液8～9ml，再加入4～5g高锰酸钾，为每立方米熏蒸量，密闭12～24h。刺激性强。

(5) 戊二醛2%水溶液　用于空气、器具等消毒。广谱、高效、低毒，可杀芽孢和病毒。刺激性较轻。

(6) 新洁尔灭（苯扎溴铵）0.1%水溶液　用于皮肤、黏膜、器具等消毒，有清洁和消毒双重功效。抗菌谱较窄。

(7) 杜灭芬（消毒宁）0.05%～0.1%水溶液　用于皮肤、器具等消毒。

3. 常用灭菌法

(1) 干热灭菌法　常见的有火焰、烧灼、干烤和红外线灭菌等。

① 火焰、烧灼：通常用于实验室无菌操作中金属或其他耐火材料制成的器具的灭菌。

② 干烤和红外线：利用干热空气或热辐射进行灭菌。干热灭菌时烤箱内装入物品应留有空隙，以利空气流动，否则使箱内温度不均，部分物品灭菌不彻底。

(2) 湿热灭菌法　通过热蒸汽或沸水使蛋白质变性而杀灭微生物的方法。湿热穿透力强，灭菌效果较干热好。

① 煮沸或流通蒸汽灭菌：常压下沸水和蒸汽的温度是100℃，一般处理30～60min可杀死细菌繁殖体，但不能完全杀灭芽孢。此法适用于不能高压蒸汽灭菌的物品。

② 低温间隙灭菌（巴斯德灭菌法）：将物品先用60～80℃加热（或煮沸）1h，然后置20～25℃保存24h（或常温过夜），使其中残存的芽孢萌发成繁殖体，再用以上条件灭菌，如此反复三次。本法适用于不耐高温或高温下易变质的物品，但很费时。

③ 高压蒸汽灭菌（热压灭菌法）：超过一个大气压时，水的沸点高于100℃，反之亦然。高压蒸汽灭菌就是通过加压提高蒸汽温度，灭菌效果最好。它简便、经济、可靠、无毒，是最可靠、应用最广泛的灭菌法。此法适用于耐高温和潮湿的物品。常用条件为：

115.5℃	30min
121.5℃	20min
126.5℃	15min

（3）化学灭菌法　利用化学试剂形成的气体来杀灭微生物的方法。常用的灭菌剂为环氧乙烷（又称氧化乙烯）。环氧乙烷是广谱杀菌剂，能杀灭细菌、芽孢和多种病毒，还能杀死昆虫及虫卵。但由于环氧乙烷易燃易爆且有毒（有致变异性），用于药品方面极有限，多用于医疗器械、塑料制品等灭菌（不能用于橡胶和乳胶手套，能将其溶解）。

（4）滤过除菌法　利用细菌不能通过致密具孔滤材的原理，除去对热不稳定的药品溶液或液体物质中的细菌的方法。过滤法一般只能除菌，不能除去支原体和病毒。

（5）辐射灭菌法　辐射有两种类型：一种是电磁波辐射，如紫外线、红外线、微波；一种是电离辐射，如可引起被照射物电离的X射线、γ射线。

① 紫外线：紫外光波长在136～390nm，其中260nm左右能破坏核酸，杀菌作用最强。

② 红外线：通过加热碳化硅板产生的辐射热能，由空气传导加热灭菌。如红外线烤箱，温度可达180℃左右。热效应特点是由表及里。

③ 微波：微波灭菌主要是因其热效应。微波加热升温快，温度高且均匀，杀菌作用强。热效应特点是由里及表。不同性质的物品吸收微波的能力不同，其热效应和消毒效果也不同。

④ ^{60}Co灭菌：放射性同位素^{60}Co（或^{137}Cs）衰变时可放射出γ射线，γ射线的能量高、穿透力强，可使细胞内各种活性物质发生化学变化，从而使细菌损伤或死亡。经^{60}Co辐射灭菌的物品温度升高很少，一般仅约5℃，故又称"冷灭菌"。

美国药典规定25kGy为有效灭菌剂量。1997年我国卫生部颁发了^{60}Co中药灭菌标准，该标准限国内流通中药可用^{60}Co辐照灭菌，规定了允许辐照的药材和中成药的品种和剂量。

中药辐照最大吸收剂量标准：

散剂	3kGy
片剂	3kGy
丸剂	5kGy
中药原料粉	6kGy

四、物料进出药品生产车间实训过程

第一步：多媒体展示物料进出洁净区的转运操作程序。

第二步：讲解

（一）生产物料、设备、容器具进入洁净区转运操作程序

（1）操作人员将物料转运到相应的物料进出洁净区通道的拆外包间。

注：整件密封包装的生产物料（如淀粉辅料，包装规格为25kg/桶），必须整件备料，进入洁净区内配料间拆开内包装物，按指令单规定数量称量配料。

(2) 在拆外包间内，操作人员按《物料进出洁净区清洁操作规程》清除生产物料、设备、容器具等的外包装物并对物品和转运小车进行有效消毒处理后，转入缓冲间，将物料转入缓冲间内的洁净小车内，转运小车和人员退出缓冲间。

注：转运物料时注意随手关门，以保持缓冲间洁净空气压差，防止污染。

(3) 生产物料、设备、维修工具、容器具等在缓冲间内净化 20 分钟后，接料人员进入缓冲间。

① 药物原料、辅料：洁净区接料人员进入缓冲间，将物料转入原辅料暂存室。

② 空心胶囊、内包装材料：由胶囊填充岗位操作人员从缓冲间转运至内包材暂存间存放。

③ 设备、容器具

a. 设备由设备安装人员从缓冲间转运到相应的安装位置；

b. 容器具由生产人员从缓冲间转运到容器具存放室。

④ 清洁剂/消毒剂及清洁工具：由洗衣人员从缓冲间转运至清洁工具存放间存放。

⑤ 中转筐：外包装间操作人员将中转筐进行表面擦拭消毒放入缓冲间，通知洁净区操作人员将中转筐从缓冲间转入器具清洗室进行清洗。

(二) 物料退出洁净区转运操作程序

(1) 内包装中间产品　如：片剂——内包装小袋；胶囊剂——铝塑板。

① 内包装岗位操作人员将合格的中间产品装入中转筐，放传递窗内，关闭柜门，通知外包装间操作人员接收。

② 外包装间操作人员打开传递窗门，取出中间产品物料，关闭柜门。

(2) 剩余药物原料、辅料

① 配料人员将剩余原辅料转入生产物料通道缓冲间。人员按照《人员进出洁净区更衣操作规程》退出洁净区。

② 操作人员进入缓冲间，将剩余物料分类装入事先准备的外包装物内，封紧袋/桶/箱口，贴上物料标签，标明品名、代号、规格、数量、日期等内容。转运至相应的仓库。

③ 仓库管理员将剩余物料核实后转运到相应库区货位存放，根据"退料单"填写物料台账，登记库卡。

(3) 剩余的空心胶囊/内包装材料

① 批药品生产结束，胶囊填充岗位操作人员/内包装岗位操作人员将剩余的空心胶囊/内包装材料称重计量，装入洁净的塑料袋内，扎紧袋口，填写"退料单"（一式二份）、"物料标签"（标明退库物料品名、规格、数量、退料日期、退料人签名），"物料标签"贴在塑料袋上，将剩余物料转运到物料通道缓冲间内。人员按照《人员进出洁净区更衣操作规程》退出洁净区。

② 操作人员进入缓冲间，将剩余物料分类装入事先准备的外包装物内，封紧袋/桶/箱口，贴上物料标签，标明品名、规格、数量、日期等内容。转运至相应的仓库。

③ 仓库管理员将剩余物料核实后转运到相应库区货位存放，根据"退料单"填写物料台账，登记库卡。

第三步：现场示范，以普通编织袋包装的物料为教具，边操作，边讲授，模拟演示物净系统的清洁、消毒、运转程序。

第四步：将学生按 4 人一组进行练习，2 人示范，2 人评判，然后互换进行。

第五步：随机请两位学生到讲台上做示范练习，其余学生做评判。

第六步：老师对本节课程进行点评总结。

五、实训巩固任务

利用传递窗让学生反复进行练习。

项目八 生产前物料和查证准备

>>> 任务一 文件的准备

一、实训目标

知识目标

熟悉生产前必需的文件，了解文件内容，感受执行标准操作规程的重要性。

技能目标

能识别并熟悉GMP生产前准备所需文件，能在生产前做好相应的文件准备。

素质目标

培养学生对生产车间文件的敏感性，增强一切生产操作离不开文件规范的意识。

二、实训情景

1. 学生分组练习，每组准备各种文件（内掺杂GMP生产前必需文件），由各组学生自行挑选出必需的文件，另外一组同学作为检察人员，清点文件。

2. 如有清点的文件里的内容不全，由本组学生自行补充完整。

三、相关知识

《药品生产质量管理规范》（2010年修订版）与1998年版《药品生产质量管理规范》相比内容增加了20条，主要对质量档案、工艺工程、批生产记录做了很明确的规定，并对文件管理作了规定。

例如：《药品生产质量管理规范》（2010年修订版）第一百五十三条文件的起草、修订、审核、批准、替换或撤销、复制、保管和销毁等应当按照操作规程管理，并有相应的文件分发、撤销、复制、销毁记录。

第一百五十八条 文件应当定期审核、修订；文件修订后，应当按照规定管理，防止旧版文件的误用。分发、使用的文件应当为批准的现行文本，已撤销或旧版文件除留档备查外，不得在工作现场出现。

通过以上规定，避免文件随意修改，保证文件的科学性，并且可使每个使用岗位用到的文件均为最新版的文件。

第一百七十三条 原版空白的批生产记录应当经生产管理负责人和质量管理负责人审核和批准。批生产记录的复制和发放均应当按照操作规程进行控制并有记录，每批产品的生产只能发放一份原版空白批生产记录的复制件。

第一百七十五条 批生产记录的内容应当包括：
（一）产品名称、规格、批号；
（二）生产以及中间工序开始、结束的日期和时间；
（三）每一生产工序的负责人签名；
（四）生产步骤操作人员的签名；必要时，还应当有操作（如称量）复核人员的签名；
（五）每一原辅料的批号以及实际称量的数量（包括投入的回收或返工处理产品的批号及数量）；
（六）相关生产操作或活动、工艺参数及控制范围，以及所用主要生产设备的编号；
（七）中间控制结果的记录以及操作人员的签名；
（八）不同生产工序所得产量及必要时的物料平衡计算；
（九）对特殊问题或异常事件的记录，包括对偏离工艺规程的偏差情况的详细说明或调查报告，并经签字批准。

可看出批生产记录非常重要，它是保证药品可追溯的非常重要的前提，它不仅详细规定了批生产记录的内容，还要求"空白的批生产记录应当经生产管理负责人和质量管理负责人审核和批准"，是为了保证批生产记录内容的科学合理；"每批产品的生产只能发放一份原版空白批生产记录的复制件"，是为了每批批生产记录的唯一性，保证批生产记录的真实性，避免造假。

生产前文件检查内容：
（1）检查本班应具备的文件：批生产原始记录、中间产品合格证或中间产品（物料）检验合格报告书、清场（清洁）合格证及生产许可证、批生产指令。
（2）批生产记录 批生产记录内容包括：产品名称、生产批号、生产日期、操作者、复核者的签名，有关操作与设备、相关生产阶段的产品数量、物料平衡的计算、生产过程的控制记录与特殊问题记录。
（3）产品生产管理文件主要有：生产工艺规程、岗位操作法或标准操作规程。
① 生产工艺规程内容包括：品名，剂型，处方，生产工艺的操作要求，物料、中间产品、成品的质量标准和技术参数及贮存注意事项，物料平衡的计算方法，成品容器、包装材料的要求等。
② 岗位操作法的内容包括：生产操作方法和要点，重点操作的复核、复查，中间产品质量标准，安全和劳动保护，设备维修、清洗，异常情况处理和报告，工艺卫生和环境卫生等。
③ 标准操作规程的内容包括：题目、编号、制订人及制订日期、审核人及审核日期、批准人及批准日期、颁发部门、生效日期、分发部门、标题及正文。

四、文件准备实训过程

生产用文件、记录检查记录表见表 8-1。

表 8-1 生产用文件、记录检查记录表　　　　日期：　年　月　日

文件	是否具备	内容是否完整	如不完整,需补充内容
生产工艺规程			
岗位操作法			
标准操作规程			
中间产品(物料)合格证			
中间产品(物料)检验合格报告书			
清场(清洁)合格证			
生产许可证			
批生产指令			

续表

文件	是否具备	内容是否完整	如不完整,需补充内容
所有设备的使用保养记录			
批生产记录(本岗位)			
房间温湿度记录			
环境洁净度监测记录			
物料交接记录			
标签、说明书使用发放销毁记录			

备注:如本岗位无此项内容则填写"不涉及此项"。

物料混合岗位生产记录见表8-2。

表8-2 物料混合岗位生产记录

编号:　　　　　　　　　　　　　年　月　日　　　　　　　　　　　班次

产品名称			代码		规格	
批号			理论量		生产指令单号	

	操作要求	执行情况
生产前检查	1. 生产相关文件是否齐全 2. 清场合格证是否在效期内 3. 计量器具校验合格证是否在效期内 4. 按批指令核对物料名称、规格、批号、数量 5. 设备是否完好	1 是( ) 否( ) 2 是( ) 否( ) 3 是( ) 否( ) 4 是( ) 否( ) 5 是( ) 否( )

	操作记录					
	物料名称	代码	批号	检验单号	生产单位	用量
生产操作						

	次数	混合时间			装载量(kg)	混合后重量(kg)	备注
		起始时间	终止时间	混合时间			
混合操作	①	时　分	时　分	分钟			
	②	时　分	时　分	分钟			
	③	时　分	时　分	分钟			
	④	时　分	时　分	分钟			

设备名称:　　　　　　　　　　　　　　　设备编号:

操作人:　　　　　　　　　　　　　　　　复核人:

续表

物料平衡	限度：　　≤限度≤　　实际为：　　%　符合限度（　）不符合限度（　） 公式:混合后重量/装载量×100%＝　　% 计算：_____×100%＝　　% 计算人：　　　　复核人：	
传递	移交人：　　接收人：　　交接量：　　kg　物料件数：　　件 日期：　　年　　月　　日　　质监员：	
备注	偏差处理及分析	

填写批生产记录常出现的问题：①填写错误应划改，签署修改人员的姓名和日期，而不是随意涂改；②产品名称填写应填写它的通用名，而有的填写不规范，有人将药品名称简写，有的写它的俗名；③记录填写不完整，缺乏可追溯性；④数据计算错误；⑤关键操作无复核人签名。

原辅材料检验报告单模板见表8-3。

表8-3　原辅材料检验报告单模板

原辅材料检验报告单

送检：　　年　　月　　日　　　　　　　　　　　　出报告：　　年　　月　　日

原辅材料名称		编号	
		来料批号	
送货单位		供货数量	kg　件
送检单位		检验单号	
检验项目及结果			
结论			

负责人：　　　　复核人：　　　　检验人：

五、实训巩固任务

学生分组练习，每组准备各种文件（内掺杂GMP生产前必需文件），由各组学生自行挑选出必需的文件，另外一组同学作为检察人员，清点文件。

>>> 任务二 物料的准备

一、实训目标

知识目标

深刻领会 GMP 关于物料系统的规定;掌握物料管理流程及其关键质量控制点;正确填写与物料有关的各种记录、表单。

技能目标

能够按要求做好生产前物料的准备。

素质目标

培养学生认真、科学的从业精神,对于生产前物料的准备,要按照国家有关规定规范操作,培养学生药学职业道德。

二、实训情景

1. 教师设计某一剂型产品一段时间的生产计划,学生据此进行生产前物料准备主要环节的控制练习。
2. 具备互联网的仿真教室,学生分组练习、核实需要准备的物料。

三、相关知识

我国1998年版《药品生产质量管理规范》第五章对物料做了相关规定,共计10条,其主要内容集中于物料的管理,对产品(包括中间产品和成品)的管理规定较少。而《药品生产质量管理规范》(2010年修订版)在第六章对物料与产品进行了规定,共计36条,包括原辅料、包装材料、印刷包材、中间产品和待包装产品、成品特殊物料和产品的管理,内容更加丰富,规定更加严格。

(一)对物料管理

《药品生产质量管理规范》(2010年修订版)对物料的要求可以归纳为"规范购入、合理贮存、控制放行与发放接收、可追溯"。

(1)规范购入要求 质量管理部门组织相关部门对具有合法资质的供应商综合评估,批准将供应商及对应物料列入"合格供应商清单",作为物料购进和验收的依据。不在"合格供应商清单"的物料不得采购和使用。新增物料及供应商须经质量管理部门评估批准后才能购进和验收。对购进的物料还要按批进行验收检验。

(2)合理贮存 分类贮存、规定条件下贮存、规定期限内使用。

(3)控制放行与发放接收 要对物料是否可以发放和使用进行控制,并使用指令控制发放和接收,降低混淆、差错的可能性。特别是对于不合格品,更应加强管理。

《药品生产质量管理规范》(2010年修订版)第一百三十一条规定:"不合格的物料、中间产品、待包装产品和成品的每个包装容器上均应当有清晰醒目的标志,并在隔离区内妥善保存。"

(4)可追溯 首先,企业必须建立物料编码系统,它包括物料代码和物料批号、产品批号,物料代码是物料在企业的"身份证",通过物料代码可以有效地识别物料的种类、具体名称、规格及标准;其次,账、物、卡相符,要详细记录物料来源、去向及结存数量。通过以上的管理，可以有效地保证物料的可追溯性，防止混淆、差错。

（二）中间产品、待包装产品和成品的管理

中间产品、待包装产品和成品的管理理念与物料管理基本相同，管理也主要表现在四个方面：中间产品质量保证、产品合理贮存、控制放行、可追溯。

《药品生产质量管理规范》（2010年修订版）第一百一十八条规定："中间产品和待包装产品应当在适当的条件下贮存。"

第一百一十九条规定：中间产品和待包装产品应当有明确的标识，并至少标明下述内容：

（一）产品名称和企业内部的产品代码；

（二）产品批号；

（三）数量或重量（如毛重、净重等）；

（四）生产工序（必要时）；

（五）产品质量状态（必要时，如待检、合格、不合格、已取样）。

针对物料和产品的放行，《药品生产质量管理规范》（2010年修订版）增加了质量授权人的概念，规定了质量授权人的资质及主要职责，其目的就是要保证产品的质量能最终保证患者的用药安全。

第一步：领料。

（1）生产部门应按生产指令单与包装指令单向仓库限额领用原辅料。

（2）检查原辅料供货单位应是合格供应商（查看QA批准的合格供应商清单），应具有本公司QC部门的检验合格报告，原辅料每件均贴有合格证，并在检验有效期内。

（3）生产部门材料员应根据送料核对原辅料的品名、规格、批号、物料代码、数量。

（4）生产用的原辅料应包装严密、标志明显，内、外包装均有标明品名、规格、生产厂家及批号的凭证。

（5）确认符合要求的原辅料，填写生产部门收料记录。

（6）标签、使用说明书及印有品名、商标等标记的包装材料的文字内容、颜色、尺寸大小与QA发放的标准实样一致。

第二步：存放。

（1）为避免原辅料的外包装上的尘埃和微生物污染操作环境，应在指定地点除去外包装；对于不能除去外包装的物料，应除去表面尘埃，擦拭干净后才能进入生产区（对于无菌原料药还要按规定进一步处理）。

（2）存放区的环境温度、湿度应与物料的性质相适应，保证原辅料的质量稳定性。

（3）生产部门领用的原辅料，应按定置管理要求，按品种、规格、批号分别堆放，并标以明显的标志。

（4）确需在生产部门放置的原辅料，不宜超过两天的使用量，特别情况，企业应另行规定。

第三步：使用。

（1）原辅料使用前，需经核对品名、物料代码、规格、批号、数量、供货单位，填写相应的原始记录。

（2）凡少量必须存放于生产部门的整包装原辅料，每次启封使用后，剩余的散装原辅料应及时密封，由操作人员在容器上注明启封日期、剩余数量及使用者签名后，由专人保管或退库。再次启封时，应核对记录。

（3）根据产品的不同要求，制订生产前小样试制制度。对制剂和原料药成品质量有影响的原辅料，在货源、批号、规格改变时，应进行必要的生产前小样试制，必要时应进行验证，确认符合要求后，填写小样试制合格报告单，经有关部门审批签署后，才能投入生产。

（4）标签、使用说明书严格管理　应计数领用和发放，存放标签和说明书应上锁管理，印有品名、商标等标记的包装材料，应视同标签、使用说明书严格管理。

（5）中间产品管理　中间产品应放置在规定区域，设状态标志（待检挂黄色待检牌、检测合格挂绿色合格牌、检测不合格挂红色不合格牌并单独放置），写明品名和企业内部的产品代码、规格、批号、生产日期、数量。

（6）待包装产品，经检查符合要求后方可进入包装工序。

四、物料准备实训过程

物料放行审核单见表8-4。

表8-4　物料放行审核单

品名		规格		批号	
批量		物料编号		报告单编号	
供货单位					
审核项目					审核结果
QA质监员审核	物料是否由经过公司内部审计合格，具有相应资质的供应商提供，该供应商是否为企业批准的定点采购单位				是□　否□
	物料金库验收情况，包括品名、批号、规格、数量、有效期等内容是否与原厂检验报告单一致，包装是否完好且符合公司规定等内容				是□　否□
	原厂检验报告单、送货单等随货凭证是否齐全，原厂检验报告检验项目、检验结果是否符合本公司内控采购批准				是□　否□
	待验物料的储存条件是否符合该物料储存条件				是□　否□
	请验程序正确，取样操作过程及取样环境是否符合相关SOP要求，取样是否科学、合理、具有代表性，取样量是否满足全检及留样要求				是□　否□
	检验项目是否完整，检验结果是否符合物料质量标准规定				是□　否□
	取样样品在进行检验前，其储存条件是否符合该物料储存条件要求				是□　否□
QA监督员签名：	年　月　日				
结论	同意放行　□ 不同意放行　□ QA主任签名　　　年　月　日				

领料单见表8-5，核料单见表8-6。

表8-5　领料单

记录编号：　　　　　　　　　　　　　　　　　　　　日期：　年　月　日

物料名称	单位	数量	物料批号	备注
备注：				

表8-6 核料单

品名规格: 4万U硫酸庆大霉素片		生产批号:		生产日期:
名称	计划领用量	名称	计划领用量	原料批号:
玻璃瓶	个	滑石粉	kg	原料代号:
生粉	kg	明胶	kg	效价:U/mg
糊精	kg	外盖	个	原料投料量:十亿U
磷酸氢钙	kg	内塞	个	皮指令产量:万片
糖粉	kg	瓶标	张	计划成品率:%
乙醇	kg	纸盒	个	生产制造部签发:
硬脂酸镁	kg	纸箱	个	填写日期:
微粉硅胶	kg	合格证	张	
白糖	kg			

品名		批号		批量	
内包装规格			外包装规格		
内包装日期			外包日期		
包装材料名称	领用量		生产厂家		批号
生产部工艺员: 生产部负责人:			质量监督员: 质保部负责人:		
内包材料领用人			外包材料领用人		
发料员			发料员		

成品放行审核单模板，见表8-7。

表8-7　成品放行审核单

品名：		批号：	规格：	
生产车间：		数量：	检验单号：	
审核项目标准				结果
生产审核	1. 生产指令及主配方	①起始物料是否有合格证，物料领用数量是否符合指令要求 ②生产配方是否与工艺规格相符		是□/否□
	2. 生产用物料	①生产所使用的物料有合格证 ②投料量与配料单要求一致，投料次序正确，工艺参数正常		是□/否□
	3. 报生产记录	①记录齐全，书写正确，数据完整，有操作人、复核人签名 ②生产符合工艺要求，生产状态、清场合格证等均符合要求 ③中间产品有检验报告或QA确认，结果符合内控标准		是□/否□
	4. 包装及记录	①所用说明书、标签、合格证均正确，打印批号及有效量正确 ②记录齐全，书写正确，数据完整，有操作人、复核人签名		是□/否□
	5. 物料平衡	①物料平衡计算公式正确 ②各工序物料平衡结果符合标准		是□/否□
	结论	符合规定□　　不符合规定□ 审核人：　　　　日期：　　年　月　日		
质量审核	1. 批生产记录审核	①记录齐全、书写正确、数据完整，有操作人、复核人签名 ②清场记录及清场合格证是否有QA签字 ③中间产品是否按规定取样、检验、检验结果是否符合标准		是□/否□
	2. 批包装记录审核	①记录齐全、书写正确、数据完整，有操作人、复核人签名 ②清场记录及清场合格证是否有QA签字 ③所用说明书、标签、合格证均正确，打印批号及有效量正确		是□/否□
	3. 物料平衡	①物料平衡计算公式正确 ②各工序物料平衡结果符合标准		是□/否□
	4. 监控记录及取样记录审核	①记录齐全、书写正确、数据完整，有监控人签名 ②监控项目齐全，结果符合规定，取样单及取样数量正确		是□/否□
	5. 偏差处理	①生产偏差是否执行偏差处理程序，处理结果是否符合要求 ②检验偏差是否执行OOS调查程序，处理结果是否符合要求		是□/否□
	6. 批检验记录及检验报告审核	①记录齐全、书写正确、数据完整，有检验人、复核人签名 ②检验报告单项目及结果应符合内控标准 ③检验报告中有批准人签字及带有"质检专用章"		是□/否□
	结论	符合规定□　　不符合规定□ 审核人：　　　　日期：　　年　月　日		
符合规定,同意放行□　　不符合规定,不同意放行□				
质量管理部负责人：　　　　日期：　　年　月　日				

五、实训巩固任务

案例分析：某药厂在生产清热解毒口服液时，在原料提取加工时，发现领料量与收得率相差100kg。质量部门检验未发现混药现象。

调查改正：提取车间领料不足，领料现场无QA监控。

(1) 事故形成的主要原因是什么？

(2) 你对这些事故有何感想？

(3) 能不能避免？怎么避免？

参考答案：

(1) 经调查造成此次事故的原因为提取车间领料量不足。

(2) 这个事故反映了该公司仓库管理、生产管理及质量管理的混乱，首先，仓库管理不规范，发料时没有认真核对数量，造成错误，但如果严格核对"账、物、卡"是否一致，也会及时发现问题；其次，如果车间领料人员领料时认真核对品名、批号、数量等信息，数量错误就会被发现，但领料人员没有认真核对，造成错误没能及时发现；第三，更危险的是车间投料时应再次核对数量等相关信息，并且要求投料时必须双人称量和复核，看来投料两人也均没有履行称量和复核义务，导致最终投料错误；第四，本来质量应是层层把关，结果没有一个岗位按要求进行，可见质量管理部门管理不到位，所有人员质量意识淡漠，看来质量管理部门形同虚设。

(3) 这类事故很好避免。简单地说，严格执行 GMP 就完全可以避免，具体地说，质量部门要制定严格的管理制度和 SOP，并对员工进行培训，让每一位员工知道本岗位的职责是什么，掌握本岗位涉及的管理制度和 SOP，不但让他们知道如何做，还要让他们知道如果不这么做的危害，提高他们做好工作的自觉性，这样的事情是完全可以避免的。

任务三　生产区及设施、设备准备

一、实训目标

知识目标

深刻领会 GMP 关于厂房设施与设备系统的规定；熟悉洁净区要求。

技能目标

能正确检查设备、器具状态；正确填写与厂房设施与设备系统有关的各种记录、表单。

素质目标

培养学生认真、科学的从业精神，认识生产前严格规范设施设备的重要性。

二、实训情景

(1) 教师设计某一剂型产品一段时间的生产计划，学生据此进行生产前设备与设施的准备的检查确认练习。

(2) 符合 GMP 标准的厂房、生产车间，学生分组练习，核实和检查生产前的设施设备是否符合要求。

(3) 通过 PPT 分析甲氨蝶呤事件，进一步了解车间生产设施设备的要求。

三、相关知识

(1) 生产前应检查场地及所用的设备、工具、容器应洁净干燥无破损，如有破损和异物不得使用。确认无前次生产遗留物，场地、设备、容器应挂有"清洁合格"状态标志。

(2) 当清场、清洁合格证超过有效期，应重新清洁，经专职质监员检查合格签发"生产证"才可进行生产。

(3) 洁净区、洁净管理区内生产时应检查空调净化系统是否已开启。操作室内温度、湿度、压差应达到规定要求。胶囊工序、选丸工序操作间温度：18～23℃。泡腾片操作间湿度：<40%。产尘大的操作间应保持相对负压。

（4）对直接接触药物的设备、容器和工具，生产前用75%乙醇进行消毒，对容器应作如下检查。

① 领用的容器应先检查是否完好无损，如发现有容器变形、破损、桶盖（包括内盖）或提手破损不齐整的应退回容器存放间或车间规定的位置，由容器清洁岗位操作人员进行处理。

② 洁净桶不能敞口嵌叠存放，使用容器前应逐个检查容器内是否洁净无异物。

③ 材质易脱落、生锈的容器、工具不能在洁净区（洁净管理区）使用。

④ 除随中间产品流转的容器及特殊情况外，不同洁净室（区）的容器不能跨区使用。

（5）对计量设备进行检查、校正，对生产用的检测仪器、仪表进行必要的调试。

（6）按设备使用标准操作规程中开机前的准备程序对设备进行检查及操作。

四、厂区、设施设备准备实训过程

1. 厂房及生产区的清场

清场合格证的正本（表8-8）附到刚刚生产完的该批产品的批生产记录中，清场合格证的副本（表8-9）附到下一个生产的产品或批号的批生产记录中。

表8-8 清场原始记录及清场合格证

产品名称			批号		规格	
工序			地点		日期	
清场要求	每批产品生产完毕，进行清场 1. 将本批的中间产品、废弃物、剩余物料等清理现场，无遗留物。各状态标识符合清场后状态 2. 按清洁SOP清洁生产设备，做到设备内外无油污、干净、无物料遗留物，设备洁净 3. 按清洁SOP清洁（或清扫）工具、容器，做到清洁、无异物、无物料遗留物 4. 按清洁SOP清洗地面、墙壁、门窗、天棚、地漏、开关箱外壳等，做到无积水、无积尘、无药液、无粉渣 5. 按清洁SOP清洗卫生工具，做到干净、无遗留物，干燥后于规定位置放置 6. 每月末应清洁回风口的过滤网						
清场情况	清场项目		操作要求			操作者
	物料		结料、剩余物料、退料			
	中间产品		清点、送规定地点放置、挂标记			
	废弃物		清离现场、置规定地点			
	工艺文件		与续产产品无关的，清离现场			
	工具、器具		冲洗、湿抹或清扫干净、置规定处			
	容器管道		冲洗、湿抹或清扫干净、置规定处			
	生产设备		湿抹或冲洗、设备洁净、标志符合状态			
	工作场地		清扫、湿抹或冲洗、设备洁净、标志符合状态			
	洁具		清洗干净、置规定干燥处放置			
班组检查情况		QA检查情况		清场合格证			
				清场班组		
				生产品名		批号
检查者 日期		检查者 日期		签发者		日期
						时间

表8-9 清场合格证的副本

```
                           清场合格证
                            （副本）
工    序：
清场结束时间：
清场前品名：
清场前批号：
质监员：
有效期至：           年    月    日    时
```

2. 洁净厂房检查记录表

洁净厂房检查记录表见表8-10。

表8-10 洁净厂房检查记录表

记录编号：TBL-CF-1001-1-01　　　　　　　　　　　　　　　　　　日期：　年　月　日

编号	检查项目	检查区域	检查结果	备注
01	屋面			
02	内墙面			
03	地面			
04	吊顶			
05	门窗			
06	外墙			
07	屋面和楼面板			
08	房间的温度			
09	房间的湿度			
10	其他			

3. 防止药物污染、混淆的确认

防止药物污染、混淆的确认见表8-11。

表8-11 防止药物污染、混淆的确认

序号	确认标准	确认结果
1	车间环境级别适合生产工艺的要求	
2	进入生产区的人流和物流分开	
3	人员着装与相应的洁净环境相适应	
4	生产用衡器、量具、仪表按周期校准，并在校准有效期内	
5	物料管道标明流向	
6	生产设备应有明显的状态标识、标明内容物（如名称、规格、批号）；没有内容物的应标明清洁状态	
7	设备、容器的材料不吸附药物，不与药品发生作用，传动部件密封良好，运转时对物料无污染	
8	排风设施	
9	有防昆虫和动物进入的设施	
10	地面、墙面、顶棚表面光洁，灰尘少，易消毒清洗	

物料桶卡见表8-12。

表 8-12　物料桶卡　　　　　　　　　　　年　月　日

品名		皮重	kg
规格		毛重	kg
批号		净重	kg
桶序		总桶数	桶
操作者		复核者	
质量状况		质检员	

4. 设备状态标志牌

设备状态标志牌见图 8-1。

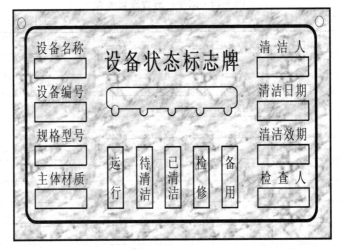

图 8-1　设备状态标志牌

5. 案例分析

甲氨蝶呤事件：2007 年 7 月 6 日，国家药品不良反应监测中心陆续收到广西、上海等地部分医院的药品不良反应报告：一些白血病患儿使用上海医药（集团）有限公司华联（以下简称"上海华联"）制药厂生产的部分批号的注射用甲氨蝶呤后出现下肢疼痛、乏力、进而行走困难等症状。国务院指示卫生部和国家局联合成立工作组，会同上海市卫生和药监部门，共同对"上海华联"有关药品的生产、运输、贮藏、使用等各个环节存在的问题开展深入调查。9 月 14 日，联合专家组基本查明，华联制药厂在生产过程中，现场操作人员将硫酸长春新碱尾液混于注射用甲氨蝶呤药品中，导致多个批次的药品被硫酸长春新碱污染，造成重大的药品生产质量责任事故。混入的长春新碱注入体内后，对身体的中枢神经系统造成严重损害，导致绝大多数使用问题药品的患者下肢疼痛、麻木、继而萎缩，无法直立和正常行走。

分析造成患者下肢瘫痪的原因是什么？该事件给我们哪些启示？谈一谈如何避免此类事故的发生。

答：上海华联制药厂在生产过程中，现场操作人员将硫酸长春新碱尾液混于注射用甲氨蝶呤及盐酸阿糖胞苷药品中，导致了多个批次的药品被硫酸长春新碱污染，造成重大的药品生产质量责任事故。混入的长春新碱注入体内后，对身体的中枢神经系统造成严重损害，导致绝大多数使用问题药品的患者下肢疼痛、麻木、继而萎缩，无法直立和正常行走。

这起事件的发生有太多的不该。是完全可以避免的操作错误（或者是疏忽），导致百余人严重的身体伤害，这对白血病患者家庭无疑更是雪上加霜。中国医药企业的整体素质、员工质量意识的总体提高，也许还需很多年。这也意味着，药监还需如履薄冰地行走很多年。一个违规操作，一个不应该发生的疏忽，给患者带来终身的遗憾，食品药品安全关系着人们的生命健康，近年来国内药品安全事件时有发生，而"违规操作"屡屡成为引发此类事件的"导火索"。因此要教育每个员工，药品生产不能有"1‰"的疏忽。这个事故只要严格生产清场完全可以避免。让员工理解清场的重要性，并严格履行清场制度，加强生产前的检查。另外生产岗位设备、物料要做好物料标识，也可以避免或减少差错。

五、实训巩固任务

案例分析：某药厂在填充某胶囊时，胶囊充填机附属吸尘器出了故障，维修人员检修后能运转便交付操作人员使用，操作人员用了一段时间发现没有吸尘效果，原来是吸尘器反转，将一些积累在吸尘器中的别的品种的药粉吹入充填的胶囊中。

处理结果：设备维修人员将反转的吸尘器改正后，继续生产，未发现对产品质量的影响。

讨论事故产生的原因及解决措施。

参考答案：

（1）维修人员未能正确履行维修职责，修理完后没有进行认真检查，虽然吸尘器转动，却是反转！所以说并没修好。

（2）机器维修之后没有验收程序，或者说有这个程序没有执行。机器的维修哪怕只是换一个插头，也应该有严谨的验收程序。

（3）机器维修好以后，重新开机时，监控的频次和范围应相当于新开机时。

（4）每批清场时要将吸尘器清理干净。

▶▶▶ 任务四 查 证

一、实训目标

知识目标

掌握查证时应做到的具体项目。

技能目标

根据查证的项目来有效完成生产前的相关工作。

素质目标

培养学生认真、科学的从业精神，对于药品，要按照国家有关药品的规定规范从业，为了使生产部的生产严格按产品规程和岗位操作法进行。

二、实训情景

1. 准备各检查项目中的图片，让学生分组辨认。
2. 具备投影仪的教室，学生分组练习、核查老师展示的图片。

三、相关知识

（1）**人员情况审核** 包括质量管理和生产管理负责人，部门负责人和检验、生产操作人员等人员的数量、学历、职位、职务变动情况、培训情况和记录、考核情况，是否符合 GMP 要求。

（2）**厂房和设施情况审核** 包括厂区划分与保持，洁净室的洁净级别、温湿度和压差及记录和维持，建筑物及设施的维护，实验动物房的设置等内容。

（3）**设备审核** 检查设备安装、运动、维护及维修情况，包括不合格设备和问题设备的处理情况。

（4）**物料情况审核** 检查原料、辅料、包装材料、制剂半成品和成品的购入、贮存方法和使用情况，物料、成品、半成品和包装材料的标准，中药材购入是否符合条件，待验、合格、不合格物料的贮存及处理，物料的保存期限，药品包装、说明书、标签的管理是否符合规定。

（5）**环境和卫生情况审核** 检查卫生管理制度，车间、工序、岗位操作规程是否健全，生产区卫生情况，更衣室、浴室、厕所的卫生情况，工作服的卫生情况，洁净室人员操作及进入管理情况，洁净室消毒措施，生产人员健康档案情况等内容。

（6）**验证及再验证情况审核** 包括厂房、设施、设备安装及运行确认，性能确认和产品验证记录，再验证记录，验证负责人审核批准程序和签名等内容。

（7）**文件情况审核** 检查药品生产管理和质量管理的各项制度和记录，药品的生产管理和质量管理文件，SOP 的完备性，建立文件的程序，文件的合法性等内容。

（8）**生产管理情况审核** 包括对生产工艺规程、岗位操作方法和 SOP 的执行情况，批生产记录、批包装记录、批检验记录、清场记录的记录方法。

（9）**质量管理情况审核** 包括质量标准、检验规程的制订和执行情况，基本设施维护（含仪器校验）、标准品管理、用户投诉管理、物料供应商评估、产品稳定性考察计划及结果情况，检验记录及化验报告单、验证报告的真实性情况。

四、查证实训过程

表 8-13 是某药业在生产前进行查证的表格，检查项目并进行相关填写。

表 8-13 生产前的检查

查证部门			查证日期		自检人	
项目		内容			自检结果	
人员	1	人员着装是否规范				
	2	询问人员是否了解岗位职责				
	3	岗位 SOP 情况				
	4	GMP 知识掌握情况				
净室(区)的环境	1	有关区域的环境控制标准(SOP)				
	2	现场的温湿度计的使用、安装(有合格证)				
	3	各区域温湿度记录情况				
	4	现场整洁、有序				
	5	有清场合格证，并在效期内				

续表

查证部门			查证日期	自检人	
项目		内容		自检结果	
物料控制	1	物料卡状态标识明确、信息完整			
	2	数量、账、卡和实物一致			
	3	物料和产品的贮存条件是否与要求相一致,记录完整			
	4	物料有明确的状态标识			
设备	1	设备清洁、状态良好			
	2	仪器仪表贴有合格证,在效期内			
	3	设备状态标识牌			
文件	1	生产工艺规程为最新版			
	2	标准操作规程为最新版			
	3	批生产记录为最新版			
标识	1	设备状态标识:完好/运行/待修/停用			
	2	各种容器标识:已清洁/待清洁/有效期限			
	3	生产区域状态标识:已清洁/待清洁/相关生产区域使用情况			
	4	生产状态标识:生产品名/批号/生产开始时间			
	5	公用系统/各生产区域的系统图、管道内介质名称及流向			
	6	计量标识:校验合格/有效期/停用/校验不合格等			
卫生管理	1	洁具管理:分类、整洁			
	2	工衣清洗:按时、区分			
	3	更衣要求:标准更衣程序			
	4	生产清洁、消毒:有标准 SOP 规定			
	5	生产清洁、消毒:按 SOP 执行,有记录			
预防整改措施			结论评价	主管:	
				日期:	

五、实训巩固任务

药品生产企业进行 GMP 查证的主要内容有哪些?

答:药品生产企业进行 GMP 查证的主要内容有:机构与人员、质量管理、厂房与设施、设备、物料与产品、确认与验证、文件管理、生产管理、质量控制与质量保证、委托生产与委托检验、产品发运与召回。

项目九 如何填写生产文件

>>> **任务一 GMP 文件分类编码、制订实训**

一、实训目标

知识目标

GMP 文件的格式及编写原则。

技能目标

会按照 GMP 文件的格式要求编写 GMP 文件。

素质目标

能理解文件体系的主要内容,能理解 GMP 文件的构成和格式要求,会编写 GMP 文件。

二、实训情景

准备"文件系统分类方法管理制度"、"生产质量管理文件管理制度"、"生产质量管理文件的编号编制管理制度"、"生产计划、生产指令管理制度"等 GMP 文件。

三、相关知识

1. 文件类型

为确保质量管理系统的有效性,能够全面体现质量管理系统组织结构的文件系统是十分重要的。为了方便有效的管理药厂数量庞大的文件,可以将文件分为下列四个层次进行管理(图 9-1)。

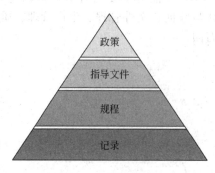

图 9-1 文件类型

制药企业的文件依据 ISO 9000 系列标准和 GMP 要求可分为以下几种类型。
① 阐明要求的文件。例如规范、标准、规定、制度等。
② 阐明推荐建议的文件。例如制药企业自己的 GMP 实施指南。
③ 规定企业质量管理体系的文件。例如质量手册。
④ 规定用于某一具体情况的质量管理体系和资源的文件。例如质量计划。
⑤ 阐明所取得的结果或提供所完成活动的证据的文件。例如记录、凭证、报告等。

制药企业根据公司的规模、组织架构和活动范围,在实施 GMP 过程中将前四类文件合并。即主要有阐明要求的文件,即标准,以及阐明结果或证据的文件,即记录、凭证和各种报告等。

2. 文件的标识

制药企业编制各类文件时应统一格式、统一编码,其编码系统应能方便地识别其文本类别和序列,便于归类及查找,要注意避免使用过时或发放过时的文件。

文件编码要注意以下几点要求。

(1) 系统性　统一分类、编码,并指定专人负责编码,同时进行记录。

(2) 准确性　文件应与编码一一对应,一旦某一文件终止使用,此文件编码即告作废不得再次启用。

(3) 可追踪性　根据文件编码系统的规定,可任意调出文件,亦可随时查询文件变更的历史。

(4) 稳定性　文件系统编码一旦确定,一般不得随意变动,应保持系统的稳定性,以防止文件管理的混乱。

(5) 相关一致性　文件一旦经过修订,必须给定新的编码,对其相关文件中出现的该文件编码同时进行修正。

文件分类编码(号)实例见表 9-1。

表 9-1　文件分类编码(号)实例

编　码	解　释
SOP-CLP00100	SOP:标准操作规程。CLP:设备(在线)清洁程序。001:设备清洁程序中第一号程序。00:新程序
SMP-QMP00200	SMP:标准管理程序。QMP:质量管理程序。002:质量管理程序第二号程序。00:该程序为新程序
SMP-DCP00101	SMP:标准管理程序。DCP:该文件管理程序。001:该程序中的第一号程序。01:该程序为第一次修订后的程序
PF2301 Rev.01(1999.6.13)	P:生产部门使用文件。F:记录表格类文件。2:非固体制剂产品生产车间使用的记录表格。3:指 2 中的第三类。01:按以上原则编制的第一号记录文件。Rev.01:此记录表格文件为第一次修订。1999.6.13:修订日期

不同的制药企业,其代码可能选用英文缩写,也可能选用汉语拼音。但一个企业内部编码应统一,作为文件管理制度应有具体介绍,以方便使用者和检查者查找。

四、 GMP 文件分类、 编码实训过程

第一步:多媒体展示"文件系统分类方法管理制度"、"生产质量管理文件管理制度"和"生产质量管理文件的编号编制管理制度"。

第二步:讲解"文件系统分类方法管理制度"、"生产、质量管理文件管理制度"和"生产、质量管理文件的编号编制管理制度"。

1. 文件系统分类方法管理制度

文件类型	文件管理制度	文件编码	SMP-DM-1001-00	执行日期	
执行部门	质量部、生产设备部、固体制剂车间、提取车间、综合办公室					

起草人：	审核人：	批准人：
起草日期：	审核日期：	批准日期：

修订号	批准日期	执行日期	变更原因及目的：

目　的：建立 GMP 文件系统的分类方法，使文件分类规范化，便于管理。
范　围：GMP 文件的管理。
责任者：各有关部门的负责人、管理人员。
程　序：
(1)文件指一切涉及药品生产管理、质量管理的书面标准、管理方法和记录。
(2)本企业的 GMP 文件分为标准和记录两大类。
(3)标准类文件分为三类
①技术标准文件：由国家、地方、行业与企业所颁布、制订的技术性规范、准则、规定、办法、标准、规程和程序等书面文件。包括产品工艺规程、质量标准（原料、辅料、工艺用水、半成品、中间体、包装材料、成品等）、检验操作规程等。
②管理标准文件：指企业为了行使生产计划、指挥、控制等管理职能标准化、规范化而制订的制度、规定、标准、办法等书面要求。包括生产、质量、卫生、验证、文件、人员、设施、设备、物料等方面的内容。
③工作标准文件：指以人或人群的工作为对象，对工作范围、职责、权限以及工作内容考核等所提出的规定、标准、程序等书面要求。包括岗位职责等。
(4)记录类文件是反映企业在药品生产、质量管理实际工作中执行标准的情况及结果的文件，主要分为过程记录、台账记录及标记(凭证)三类。
①过程记录主要包括：批生产记录、批包装记录、质量监控及检验记录、厂房设施及设备维护记录、计量器具及仪器仪表校验记录、销售记录、自检记录、返工记录、投诉及退货处理记录等。
②台账记录包括：台账（培训、设备、不合格品、用户投诉等）、卡（货位卡、中间产品卡等）、单（请验单、检验报告单等）。
③标记(凭证)主要包括：标志(状态、流向等)，凭证(取样、清场、卫生合格等)。
(5)本公司 GMP 文件系统分类如下。

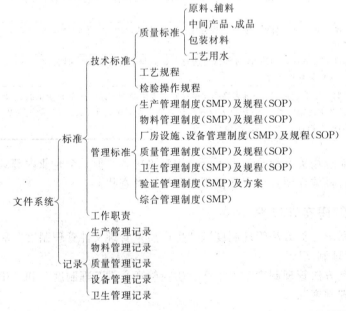

2. 生产、质量管理文件管理制度

文件类型		文件管理制度		文件编码	SMP-DM-1002-00		执行日期	
执行部门		质量部、生产设备部、固体制剂车间、提取车间、综合办公室						
起草人:			审核人:			批准人:		
起草日期:			审核日期:			批准日期:		
修订号		批准日期		执行日期		变更原因及目的:		

目　的:建立生产、质量管理文件的管理制度,保证文件实施过程准确无误。
范　围:生产、质量管理文件的管理。
责任者:各有关部门的负责人、管理人员。
程　序:
(1)文件管理的原则
①文件必须是准确无误的最新版本文件。
②对于药品生产而言,所有批准使用的文件是一切与药品生产有关的"行为"的准则,具有"法律"效力,任何人不得任意修改。
(2)文件的起草
①文件起草的原则;文件标题明确,能明确表达文件的性质,文件的内容符合规范的要求,具有可操作性、实用性;文件的语言要严谨、规范、精练、明确、通俗、易懂;文件不得有与国家制定的有关法律、政策等相抵触的内容,技术标准文件不得低于法定标准。
②所有文件均采用相同的格式。
③各类管理文件均由其执行部门起草,相关部门会审。
(3)文件的修订
①管理文件的建立是一个不断健全、完善的过程,各种因素的变化会使文件的合理性发生改变,因此文件的修订很有必要。
②文件修订的要求与文件的起草要求相同。
③文件的修订程序
a. 文件的起草部门(或有关部门)提出文件修订申请,报送质量部。
b. 质量部组织有关部门进行审查,经讨论后,责成原起草部门进行文件的修订。
c. 文件修订后,由质量部组织有关部门进行会审。
d. 修订稿通过会审后,质量部将该文件上报企业负责人审批,批准后作为正式文件下发。
(4)文件的审核
①文件起草稿(或修订的初稿)交到质量部,由其组织文件内容所涉及的部门进行会审,签署会审意见。
②质量部根据会审意见,责成起草(修订)部门对文件初稿进行修改定稿(如需再次会审,仍执行会审程序)。
(5)文件的批准
①上述终审通过的文件由质量部打印后,由文件的起草人、审核人签字,交主管领导批准签字后,由公司发文生效。
②上述请求文件修订的申请及会审意见原稿等应全部归档。
(6)文件的复制
①文件的复制可以是印刷、复印、电脑复制等,但复制的文件必须经过两人以上核对无误签字后方可使用。复制文件必须清晰。
②所有需复制的文件经质量部负责人批准后,由质量部统一复制。
(7)文件的颁发和回收
①文件经核对无误,由起草人、审核人、批准人签字后,发文即可生效颁发。
a. 管理文件均为保密文件,公司所有员工必须遵守有关的保密制度。需特殊保存的应在文件上进行标注。
b. 颁发给部门及收阅人时,收、发双方须在文件发放、回收记录上签字。
c. 一旦新文件生效使用,旧版文件必须收回。
②文件的收回
a. 文件由于以下原因废止、停止使用时,必须及时收回:文件进行了修订,且新修订的文本已被批准使用,则原文件自新文件生效之日起废止;文件发现错误,影响产品质量,必须立即废止,并及时收回。
b. 文件收回时必须在文件发放、收回记录上签字。
(8)文件的归档
①所有文件的原件必须归档、备查。
②文件归档后要及时填写归档记录。
(9)文件的销毁
①存在以下情况的文件应进行销毁处理:文件起草(或修订)过程中的草稿、打印过程的草稿;回收的旧版文件,归档后余下的;其他的废止文件。
②所有的文件统一由企业负责人指定的部门收集、清点、建账,撰写文件销毁申请书,经主管领导批准签字后,指定专人销毁,并指定监销人,防止失密。

3. 生产、质量管理文件的编号编制管理制度

文件类型	文件管理制度	文件编码	SMP-DM-1003-00	执行日期	
执行部门	质量部、生产设备部、固体制剂车间、提取车间、综合办公室				

起草人：		审核人：		批准人：	
起草日期：		审核日期：		批准日期：	

修订号	批准日期	执行日期	变更原因及目的：

目　的：建立生产与质量管理文件的编号编制制度。
范　围：生产及质量管理文件的编号管理。
责任者：各有关部门的负责人、管理人员、操作人员。
程　序：
(1) 所有的管理文件均应进行分类编号。
(2) 文件编号采用英文字母与阿拉伯数字进行搭配编制。
(3) 标准类文件根据其类别，按如下方法进行编号。
①管理标准类文件编号
● SMP-＊＊-＊＊＊＊-＊＊，编号含义为 SMP 表示制度类文件，前 2 位"＊＊"为标准分类的汉语拼音字母，后 6 位"＊"为阿拉伯数字，头 4 位表示文件的编号，后 2 位表示文件的修订号。"DM"表示文件，"EQ"表示厂房设施、设备，"RM"表示物料，"PS"表示生产，"QA.QC"表示质量，"CS"表示卫生，"TV"表示验证。
● 标准操作规程类文件的编号方式为：SOP-＊＊-＊＊＊＊-＊＊，编号含义为 SOP 表示标准操作规程类文件，前 2 位"＊＊"为标准操作规程分类的汉语拼音字母，后 6 位"＊"为阿拉伯数字，头 4 位表示文件的编号，后 2 位表示文件的修订号。"EQ"表示厂房设施、设备，"RM"表示物料，"PS"表示生产，"QA.QC"表示质量，"CS"表示卫生，"VT"表示验证文件。
② 工作职责的编号方式为：SMP-FA-＊＊＊＊-＊＊，编号含义为 SMP 表示制度类文件，"FA"表示工作职责，后 6 位"＊"为阿拉伯数字，头 4 位表示文件的编号，后 2 位表示文件的修订号。
(4) 记录类文件的编号方式为：SOR-＊＊-＊＊＊＊-＊＊，SOR 表示记录类文件，前 2 位"＊＊"为技术标准类别的汉语拼音字母，后 6 位"＊"为阿拉伯数字，头 4 位表示文件的编号，后 2 位表示文件的修订号。"EQ"表示厂房设施、设备，"RM"表示物料，"PS"表示生产，"QA.QC"表示质量，"CS"表示卫生。
(5) 文件编号的具体示例如下。
①SMP-RM-1001-00；SMP 表示该文件的类型是制度类文件；RM 表示该文件属于物料管理文件；1001 表示文件的编号；00 表示文件修订号，第一次修订批准下发后，其修订号为 00。
②SOP-QA-1001-00；SOP 表示该文件是标准操作规程类文件；QA 表示该文件为质量管理方面的标准操作程序；1001 表示文件的编号；00 表示文件修订号。
③SOR-PS-1001-00；SOR 表示该文件为记录类文件；PS 表示为生产管理方面的记录；1001 表示文件的编号；00 表示文件修订号。
(6) 文件编号由质量部统一给定，编号无重复，一旦给定，直至该文件废止为止。

第三步：给出"生产计划、生产指令管理制度"相关内容，学生练习编写"生产计划、生产指令管理制度"文件。

附："生产计划、生产指令管理制度"文件主要内容

(1) 周生产计划应依据汇总计划表、成品库存量追补订货量、半成品及原辅包装材料的库存情况等制订，具体计划的制订工作由生产部计划人员负责。

(2) 一般每周召开一次周生产调度会，参加部门有生产部、工程设备处、物料部、供应室、车间、质量管理部、主管领导。会上由生产部安排、协调本周生产情况，同时布置下周生产任务。

(3) 周生产调度会后，由生产部给定生产品种的批号，制订好周生产计划。周生产计划

一般于周生产调度会后一个工作日内下发。同时每一个产品需发放下列已给定批号的记录文件：生产指令、批生产记录、领料单（2份）、核料单（2份）、半成品、成品送检单、成品入库单、成品完工单、成品库卡。

（4）考虑到备料、领料所需时间，记录文件一般提前两天发放。

（5）车间根据生产计划规定的品种、批次做出每天生产安排，并提前一天将生产产品的生产指令、领料单、核料单送至仓库，仓库接到指令后于当天进行备料。

（6）车间管理人员将批生产记录下发各工序操作人员，操作人员必须严格执行指令，认真填写记录，同时将各种状态标记、凭证附于记录背面。

（7）各工序的记录在完成生产操作后，由工段长负责收集，交车间负责人审核。

（8）领料单、成品完工单反馈到生产部。成品入库单、成品库卡和待检成品送至仓库。

（9）生产指令、批生产记录、领料单、核料单交质量管理部质量保证室审核后，归档保存。

第四步：学生之间互换进行检查。

第五步：老师对本节课程进行点评总结。

五、实训巩固任务

让学生练习"生产文件管理制度"等文件的编写。

>>> 任务二　填写生产记录实训

一、实训目标

> **知识目标**
> 能理解产品批生产记录的格式及主要内容。
>
> **技能目标**
> 会按照GMP要求正确填写生产记录。
>
> **素质目标**
> 能理解文件体系的主要内容，能理解记录文件在药品生产过程中生产现场管理的具体要求和实际应用，会按照GMP要求正确填写生产记录。

二、实训情景

准备批生产记录、批检验记录、批包装记录表格。

三、相关知识

（一）文件系统的内容

文件系统的内容可用图9-2表示。

1. 文件系统概述

许多参考书中也称为《质量手册》，它包括组织质量概况、质量方针政策、组织机构及职责，以及文件体系构架和目录。

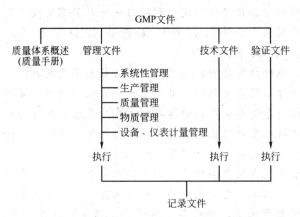

图 9-2 文件系统内容示意

2. 技术文件

技术文件是指某一具体药品及原料药的工艺专论，包括处方（投料单）、设备、工艺规程、操作指导、收率、包装材料及中间体中间过程的控制规格标准、原料成品的规格标准、检验方法、稳定性数据等。技术文件的特点是：只为某一具体产品所用，而不能用于任何其他产品，所以是产品特异性规程。

3. 管理文件

这不只是一些规章制度，它也是有关生产部门所有通用的管理程序和操作规程。比如文件的起草、制备、发布与管理，全员培训制度等属于综合性管理；仓库的货物接收程序与操作规程，货物状态的表明和其存放区域等都属于物资管理的规程；注射用水系统的消毒操作，空压机的维护保养等都属于设备管理的规程；文件、工艺变更控制、批记录审阅等都属于物资管理；车间的清场、清扫、更衣及配料管理属于生产管理。

管理文件的特点是：不为某一具体产品所用，而为同类产品所通用的操作和管理规程，为非产品特异性规程。

4. 验证文件

验证文件是用数据证明产品工艺能力或某一个操作方法是否能达到预期的效果。一般都是在一个新产品正式生产的开始或老产品工艺方法或设备环境有变动时作此工作。它包括验证报告批准、验证报告、验证方案所涉及到的操作规程和仪器校正规程、验证方法、验证运行记录、验证结果和结果总结等。

5. 记录文件

除质量体系概述以外，对其他所有文件规程的执行记录就构成了各领域的记录文件。

（二）批生产记录

中国 GMP 对"批生产记录"的定义如下：用于记述每批药品生产、质量检验和放行审核的所有文件和记录，可追溯所有与成品质量有关的历史和信息。

1. 编制原则

（1）每批产品均应有相应的批生产记录，可追溯该批产品的生产历史以及与质量有关的情况。

（2）批生产记录应依据现行批准的工艺规程的相关内容制订。记录的设计应避免抄录差错。批生产记录的每一页应标注产品的名称、规格和批号。

（3）原版空白的批生产记录应经过生产管理负责人和质量管理负责人的审核和批准。批生产记录的复制和发放均应按照批准的书面程序进行控制并有记录,每批产品的生产只能发放一份空白批生产记录的复制件。

(4) 生产开始前应进行检查,确保设备和工作场所没有上批遗留的产品、文件或与本批产品生产无关的物料,设备处于已清洁及待用状态。检查情况应有记录。

(5) 在生产过程中,每项操作进行时应及时记录,操作结束后,应由生产操作人员确认并签注姓名和日期。

2. 内容

按 GMP 的要求,对药品生产的所有环节,即从原料厂家的审查直至成品的销售均应予以记录。通过记录可以了解某一批产品所用的原料、包装材料、半成品的使用和处理情况,该批生产中工艺管理、设备运行、人员操作、事故处理等情况。批生产记录的内容一般应包括以下几项。

(1) 产品名称、规格、批号。

(2) 生产以及中间工序开始、结束的日期和时间。

(3) 每一生产工序的负责人签名。

(4) 生产步骤操作人员的签名;必要时,还应有操作(如称量)复核人员的签名。

(5) 每一原辅料的批号和(或)检验控制号以及实际称量的数量(包括投入的回收或返工处理产品的批号及数量)。

(6) 相关生产操作或活动、工艺参数及控制范围,以及所用主要生产设备的编号。

(7) 中间控制结果的记录以及操作人员的签名。

(8) 不同生产工序所得产量及必要时的物料平衡计算。

(9) 特殊问题的记录,包括对偏离工艺规程的偏差情况的详细说明或调查报告,并经签字批准。

3. 格式

批生产记录的格式目前有两种。一是在各岗位生产记录的基础上,由专人整理填写的批生产记录,亦称批报;二是专门设计由若干单元组成的。使用时,由各部门分别填写,而后由专人收集,按编号装订成册。

4. 填写

操作人员应按要求认真适时填写,填写时做到字迹清楚、内容真实、数据完整,并由操作人员及复核人签字。

记录应保持整洁,不得撕毁和任意涂改。更改错误时,应在原错误的地方,画一横线,以便被更改的部分可以辨认,更改人应在更改处签字。记录表格一般不应有未填的空项,如内容不填时,可在该项中画一斜线或横线。记录填写的要求应符合有关规定。

(三) 批包装记录

批包装记录是包装与贴签工序 SOP 指令下的记录。为了保证药品所用的标签、标示物和其他包装材料的正确性,应当制订严格的书面规程以准确定义所实施的包装作业,并记录整个操作过程,以保持控制。

1. 批包装记录的原则

(1) 每批产品或每批中部分产品的包装,都应有批包装记录,可追溯该批产品包装操作以及与质量有关的情况。

(2) 批包装记录应依据工艺规程中与包装相关的内容制订。记录的设计应注意避免抄录差错。批包装记录的每一页均应标注所包装产品的名称、规格、包装形式和批号。

(3) 批包装记录应有待包装产品的批号、数量以及成品的批号和计划数量。原版空白的批包装记录的审核、批准、复制和发放的要求同原版空白的批生产记录。

（4）包装开始前应进行检查，确保设备和工作场所无上批遗留的产品、文件或与本批产品包装无关的物料，设备应处于已清洁或待用状态，还应检查所领用的包装材料正确无误。检查情况应有记录。

（5）在包装过程中，每项操作进行时应及时记录，操作结束后，应由包装操作人员确认并签注姓名和日期。

2. 批包装记录的内容

（1）产品名称、规格、包装形式、批号、生产日期和有效期。

（2）包装操作日期和时间。

（3）包装操作负责人签名。

（4）包装工序的操作人员签名。

（5）每一包装材料的名称、批号和实际使用的数量。

（6）根据工艺规程所进行的检查记录，包括中间控制结果。

（7）包装操作的详细情况，包括所用设备及包装生产线的编号。

（8）所用印刷包装材料的实样，并印有批号、有效期及其他打印内容；不易随批包装记录归档的印刷包装材料可采用印有上述内容的复制品。

（9）对特殊问题及异常事件的注释，包括对偏离工艺规程的偏差情况的详细说明或调查报告，并经签字批准。

（10）所有印刷包装材料和待包装产品的名称、代码，以及发放、使用、销毁或退库的数量、实际产量以及物料平衡检查。

（四）清场记录

清场的目的是为了防止药品混淆、差错事故的发生，防止药品之间的交叉污染。

对清场的要求如下。

（1）地面无积灰、无结垢，门窗、室内照明灯、风管、墙面、开关箱外无积灰，室内不得存放与生产无关的杂物。

（2）使用的工具、容器应清洁、无异物，无前次产品的遗留物。

（3）设备内外无前次生产遗留的产品，没有油垢。

（4）非专用设备、管道、容器、工具应按规定拆洗或灭菌。

（5）直接接触药品的机器、设备及管道工具、容器应每天或每批清洗或清理。同一设备连续加工同一非无菌药品时，其清洗周期可按设备清洗的有关规定进行。

（6）包装工序调换品种时，多余的标签及包装材料应全部按规定处理。

（7）固体制剂工序调换品种时，对难以清洗的部位要进行验证。

清场结束由生产部门质量检查员复查合格后发给"清场合格证"。清场合格证作为下一个品种（或同一品种不同规格）甚至同一品种不同批的生产凭证附入生产记录。未领得"清场合格证"不得进行下一步的生产。

（五）批档案

批档案是指每一批物料或产品与该批质量有关的各种必要记录的汇总，产品批档案的建立有利于产品质量的评估以及追溯考查。

（1）原物料档案　由供应商检验证书、收料单、取样单、批检验报告、合格单、小样试验报告、领料单、退料单及其他而组成。

（2）产品批档案　由批生产相关的记录、质量检验记录及成品销售等相关记录组成。

四、填写生产记录实训过程

第一步：讲解

1. 生产记录的构成和管理

生产记录的管理：生产记录的管理包括批生产记录的管理、批包装记录的管理和清场记录的管理。

批生产记录由生产指令、各工序岗位生产原始记录、清场记录、物料平衡及偏差调查处理情况、检验报告单等汇总而成。批生产记录可由岗位工艺员分段填写，生产车间技术人员汇总，生产部门有关负责人审核并签字。跨车间的产品，各车间分别填写，由指定人员汇总、审核并签字后送质量管理部门。该记录应具有质量的可追踪性，保持整洁，不得撕毁和任意涂改。若发现填写错误，应按规定程序更改。批生产记录应按批号归档，保存至药品有效期后1年，未规定有效期的药品，批生产记录应保存3年。

批包装记录是该批产品包装全过程的完整记录，可以单独设置，也可以作为批生产记录中的一部分，管理要求与批生产记录管理要求相同。

2. 原始记录填写规定

（1）原始记录是生产过程进行分析评判的依据。

（2）原始记录不允许用铅笔填写，书写应整洁、完整，字迹清楚，不得涂改贴盖，如有的地方需要更改，应划两条水平线，将正确的内容填在上方，并加盖更改人的印章或签名。

（3）原始记录各项内容应逐项填写，若有缺项，应在格内划一斜线，不得有空格出现。内容与上项内容相同时应重复抄写，不得用"同上"或"ヾ"表示。

（4）原始记录应及时、真实地填写，不准超前或拖后，填写应真实，不准有虚假或伪造，以便能真实地反映当时的情况。

（5）品名不得简写，应按标准名称填写。

（6）操作者、复核者均应填写全名，不能只写姓或名。

（7）日期一律横写，年、月、日均应用两位数表示，不足两位数的月、日前加零例如2003年7月1日，应写成"03.07.01"。

（8）数据的修约应采用舍进机会相同的修约原则，即"4"舍"6"入，"5"考虑，当所修约的数字中，其右面第一个数字小于或等于4时舍去，其右面第一个数字大于或等于6时则进1，其右面第一个数字等于5时，5后（右边）非0应进1，5后皆0看奇偶，5前偶数应舍去，5前奇数则进1。

    例如：（小数点后保留1位数字）
    1. 3.5424——3.5   4. 2.2500——2.2
    2. 2.1500——2.2   5. 2.1507——2.2
    3. 2.3653——2.4   6. 2.0500——2.0

（9）车间QA对全车间记录进行整理装订，确保无误后交到化验室。

违反以上规定者，视情节扣2~10分，严重违反者报公司处理。

另外，QA负责对原始记录填写情况每周评比一次，每班分别评出1~2名优等者和较差者，给予2~10分奖励或处罚。

第二步：给出相关记录表格和工艺参数，学生练习填写。

第三步：学生之间互换进行检查。

第四步：老师对本节课程进行点评总结。

五、实训巩固任务

给出片剂的一系列表格及相关工艺技术参数，让学生练习巩固。

附：常用记录格式

人员及物料进入生产车间记录

车间		洁净级别		日期	年　月　日
1. 在净化室工作,必须遵守洁净室内每一个细节的工作规范; 2. 不允许将任何有害的物质带入洁净室;不得将手机、传呼机、手表及首饰带入洁净室;避免污染带给产品可能的严重损害; 3. 进入洁净室必须卸妆; 4. 工作服帽子大小要合适,必须遮盖所有头发,以防止皮肤碎片及头皮屑污染; 5. 洁净工作服不得接触地面; 6. 穿洁净鞋或鞋套时,脚不得接触地面; 7. 进入洁净室要正确着装; 8. 物料及运转小车在运转前,应经初步清洁; 9. 转运物料时注意随手关门,以保持缓冲间洁净空气压差,预防污染; 10. 物料由一般区操作人员转运至缓冲间,由洁净区操作人员转运至洁净区贮存间					

项目	操作要求	操作注意点	操作者
存放个人物品	刷净鞋上泥土、杂物,存携带物品(包、雨具等)	雨具应存放于指定存放地	
更鞋	脱下家居鞋,放入鞋柜外侧柜内,转身,按工号从鞋柜内侧柜内取出拖鞋穿上	转身前脚不要着地	
一次更衣	打开更衣柜,脱下外衣、外裤,放入柜内	叠放整齐或整齐挂好	
洗手、洗脸、洗腕	饮用水润湿手部(至手腕上5cm处)、脸部,使液体皂液泡沫涂满手部、脸部,饮用水冲净泡沫,纯化水淋洗后,烘干	应注意加强对指缝、指甲缝、手背、掌纹、眼眉、鼻洼等处的搓洗	
二次更衣	从更衣柜内取出净洁工作服,按从上到下顺序,先戴口罩,穿上衣,戴帽子,再穿裤子,然后更洁净工作鞋	转身前脚不要着地	
理衣	整衣镜前检查确认工作服穿戴是否合适	头发完全包在帽内,不外露;上衣筒入裤腰,扣紧领口、袖口、裤腰、裤管口,内衣不得外露;口罩将口鼻完全遮盖	
手部消毒	消毒机下使全部润湿或喷涂消毒液消毒,晾干	均匀喷涂至手腕上5cm处,定期更换消毒液	
运送到脱包间	将物料转运到拆外包间	整件密封包装必须整件备料	
清洁、脱外包装	清除包装物表面灰尘,除去外包装,连同转运小车再用清洁抹布蘸消毒剂擦拭消毒,放在洁净小车上,转运至缓冲间	及时清洁卫生,清理外包装物	
缓冲	操作人员将物料转入后退出缓冲间,物料在缓冲间净化20分钟	一般区操作人员退出缓冲间,不要久留	
运送到洁净区	洁净区生产人员进入缓冲间将物料转出送往各物料贮存间存放	洁净区生产人员将物料转送至贮存间存放	

纯化水制备操作记录

操作人   生产日期：   年   月

时间	操作指令		工艺参数(要求)		操作结果	
制备前准备	1. 检查下列各项应正常，"√"表示合格					
	*各设备、阀门、管道		应完好清洁		☐	
	饮用水		应无色、无味、澄清		☐	
淡水制备过程	2. 每天反冲预处理过滤器 15～30min，低压冲洗 10～20min；调整反渗透进水阀流量 2m³/h，每小时检测一次电导率应＜2μs/cm					
	反渗透进水	m³/h	反渗透出水	m³/h	RO 进水压力	
					RO 二段进水压力	
					RO 淡水压力	
					RO 浓水压力	
					高压泵进水压力	
纯化水制备过程	3. 按纯化水操作规程进行操作，每2h检测下列参数一次 *混合床酸碱度：取水 20ml 滴加 1～2 滴甲基红指示液不得显红色 取水 20ml 滴加 1～2 滴溴麝香草酚蓝指示液应不得显蓝色 *混合床 Cl⁻：出水口 Cl⁻ 常规检测，加入硝酸银无混浊 (注：上述检测如合格在☐内打"√")					

	检测时间	纯化水电导率/(μs/cm)	混床1		混床2			
纯化水制备过程			酸碱度	Cl⁻	酸碱度	Cl⁻	开机时间	
			☐	☐	☐	☐		
			☐	☐	☐	☐		
			☐	☐	☐	☐	运行时间	
			☐	☐	☐	☐	制水量	
			☐	☐	☐	☐	原水温度	
			☐	☐	☐	☐	浓水温度	
			☐	☐	☐	☐	浓水循环流量	
备注								

注射用水制备操作记录

时间	操作指令	工艺参数(要求)	操作结果
制备前准备与检查	1. 检查下列各项应符合要求,在"□"处打"√"表示合格,其他填写相应数据		
	*各设备、阀门、管道	应完好清洁	□
	*原料水(纯化水)电导率	应无色、无味、澄清	μs/cm
	*检查压缩空气压力		MPa
	*检查蒸气压力		MPa
	*将蒸汽管道中冷凝水及各塔内部积水排放干净		□
	*预热蒸馏水机		□
制备过程	2. 蒸馏水机出料水温度至90℃且电导率≤1μs/cm开始接收出料水;在制水过程中每2h检查下列质量指标一次:总出水电导率、总出水pH值、蒸汽压力、进料水流量、冷却水压力、加热蒸汽温度、一至五效进水温度、冷凝器料水温度、注射用水温度,在下表填写相应数据		

项目\时间	出水电导率/(μs/cm)	出水pH	蒸汽压力/MPa	进料水流量/(L/h)	冷却水压力/MPa	加热蒸汽温度/℃	一效进水温度/℃	二效进水温度/℃	三效进水温度/℃	四效进水温度/℃	五效进水温度/℃	冷凝器料水温/℃	注射用水温度/℃		
													进水	回水

结 束	按清洗设备、器具及工作场所,"√"表示完成	□	实际制水:　　吨
操作人	生产日期:　　年　月　日　时　分至　月　日　时　分		

清场原始记录

产品名称		批号		规格	
工序		地点		日期	年　　月　　日
清场内容	1. 各工序在更换产品、规格、批号时,进行清场 2. 将本批的中间产品、废弃物、剩余物料、报废、剩余的包装材料及与续产产品无关的工艺文件等清离现场,无遗留物 3. 清洁或消毒生产设备、设施,做到设备内外无油污、干净、无物料遗留物,设备见本色,无管道系统泄漏或其他异常情况 4. 清洁(或清扫)工具、容器,做到清洁、无异物、无物料遗留物 5. 清洁地面、墙壁、门窗、天棚、地漏、开关箱外壳等,做到无积水、无积尘、无药液、无粉渣 6. 清洗清洁工具,做到干净、无遗留物,于规定位置干燥、放置 7. 清洗工作服装,并按人员物料进入洁净区或控制区的程序执行 8. 作业现场的各种信息标示物符合清场后状态					

续表

产品名称		批号		规格		
工序		地点		日期	年 月 日	
清场情况	清场项目	操作要求			操作者	自查记录
	物料	结料、剩余物料、退料				
	中间产品	清点、送规定地点放置、挂标记				
	废弃物	清离现场、置规定地点				
	工艺文件	与续产品无关的,清离现场				
	工具、容器	冲洗、湿抹或清扫干净、置规定处				
	容器管道	冲洗、湿抹或清扫干净、置规定处				
	生产设备	湿抹或冲洗、见本色,标志符合状态				
	工作场地	清扫、湿抹或湿拖干净,标志符合状态				
		回风口是否清洁干净				
	洁具	清洗干净、置规定干燥处				
班组检查情况					车间 QA 检查情况	
检查者		时间			QA	时间

>>> 任务三 解析生产工艺规程、岗位操作法等生产文件

一、实训目标

知识目标

能理解工艺规程和岗位操作 SOP 的文件格式及主要内容。

技能目标

会按照 GMP 要求正确编写工艺规程大纲和岗位操作 SOP。

素质目标

能理解工艺规程大纲和岗位操作 SOP 的主要内容,能理解工艺规程大纲和岗位操作 SOP 文件在药品生产过程中生产现场管理的具体要求和实际应用,会按照 GMP 要求正确编写工艺规程大纲和岗位操作 SOP。

二、实训情景

"感冒清胶囊"工艺规程;"益肾蠲痹丸"工艺规程;称量岗位 SOP。

三、相关知识

（一）2010 版 GMP 对工艺规程和操作规程的论述

第一百六十八条 每种药品的每个生产批量均应当有经企业批准的工艺规程，不同药品规格的每种包装形式均应当有各自的包装操作要求。工艺规程的制定应以注册批准的工艺为依据。

第一百六十九条 工艺规程不得任意更改。如需更改，应当按照相关的操作规程修订、审核、批准。

第一百八十一条 操作规程的内容应当包括：题目、编号、版本号、颁发部门、生效日期、分发部门以及制定人、审核人、批准人的签名并注明日期、标题、正文及变更历史。

第一百八十二条 厂房、设备、物料、文件和记录应当有编号（或代码），并制定编制编号（或代码）的操作规程，确保编号（或代码）的唯一性。

第一百八十三条 下述活动也应当有相应的操作规程，其过程和结果应当有记录：

(1) 确认和验证；
(2) 设备的装配和校准；
(3) 厂房和设备的维护、清洁和消毒；
(4) 培训、更衣及卫生等与人员相关的事宜；
(5) 环境监测；
(6) 虫害控制；
(7) 变更控制；
(8) 偏差处理；
(9) 投诉；
(10) 药品召回；
(11) 退货。

（二）工艺规程相关知识

工艺规程为生产特定数量的成品而制订的一个或一套文件，包括生产处方、生产操作要求和包装操作要求，规定原辅料和包装材料的数量、工艺参数和条件、加工说明（包括中间控制）、注意事项等内容。工艺规程是产品设计、质量标准和生产、技术、质量管理的汇总，是企业组织和指导生产的主要依据和技术管理工作的基础。每种药品的每个生产批量均应当有经企业批准的工艺规程，不同药品规格的每种包装形式均应当有各自的包装操作要求。工艺规程的制订应当以注册批准的工艺为依据。工艺规程不得任意更改。如需更改，应当按照相关的操作规程修订、审核、批准。

产品工艺规程由车间技术主任组织编写，企业质量管理部门组织专业审查，经总工程师（或企业生产和质量）负责人批准后颁布执行。工艺规程应有车间技术主任、质量管理部门负责人和总工程师（或企业技术负责人）签字及批准执行日期。工艺规程的修订一般不超过 5 年，一般的工艺和设备改进项目，由有关部门提出书面报告。经试验在不影响产品质量情况下，经厂生产技术部门批准，质量管理部门备案，同时出具修改通知书，指明修改日期、实施日期、审批人签章后发至有关部门施行并在工艺规程附页上记载。重大的工艺改革项目需组织鉴定。修订稿的编写、审查、批准程序与制订时相同。

制剂的工艺规程的内容应当包括：

1. 生产处方

(1) 产品名称和产品代码。

(2) 产品剂型、规格和批量。

(3) 所用原辅料清单（包括生产过程中使用，但不在成品中出现的物料），阐明每一物料的指定名称、代码和用量；如原辅料的用量需要折算时，还应当说明计算方法。

2. 生产操作要求

(1) 对生产场所和所用设备的说明（如操作间的位置和编号、洁净度级别、必要的温湿度要求、设备型号和编号等）。

(2) 关键设备的准备（如清洗、组装、校准、灭菌等）所采用的方法或相应操作规程编号。

(3) 详细的生产步骤和工艺参数说明（如物料的核对、预处理、加入物料的顺序、混合时间、温度等）。

(4) 所有中间控制方法及标准。

(5) 预期的最终产量限度，必要时，还应当说明中间产品的产量限度，以及物料平衡的计算方法和限度。

(6) 待包装产品的贮存要求，包括容器、标签及特殊贮存条件。

(7) 需要说明的注意事项。

3. 包装操作要求

(1) 以最终包装容器中产品的数量、重量或体积表示的包装形式。

(2) 所需全部包装材料的完整清单，包括包装材料的名称、数量、规格、类型以及与质量标准有关的每一包装材料的代码。

(3) 印刷包装材料的实样或复制品，并标明产品批号、有效期打印位置。

(4) 需要说明的注意事项，包括对生产区和设备进行的检查，在包装操作开始前，确认包装生产线的清场已经完成等。

(5) 包装操作步骤的说明，包括重要的辅助性操作和所用设备的注意事项、包装材料使用前的核对。

(6) 中间控制的详细操作，包括取样方法及标准。

(7) 待包装产品、印刷包装材料的物料平衡计算方法和限度。

可以把岗位 SOP（标准操作规程）看为组成岗位操作法的基础单元，同属于岗位操作规则，是对某项具体操作所做的书面指示情况说明并经批准的文件，即是经批准用来指导药品生产活动的通用性文件，如设备操作、维护与清洁、验证、环境控制、取样和检验等。标准操作规程是企业活动和决策的基础，确保每个人正确、及时的执行质量相关的活动和流程。

(三) 岗位 SOP（标准操作规程）相关知识

1. 岗位 SOP（标准操作规程）的管理

(1) 岗位操作法由车间技术人员组织编写，经车间技术主任批准，报企业质量管理部门备案后执行。岗位操作法应有车间技术人员、技术主任签字及批准执行日期。岗位操作法编写、审查、批准程序同岗位 SOP（标准操作规程）。

(2) 岗位操作法和岗位 SOP 的修订不超过 2 年。修订稿的编写、审查、批准程序与制订时相同。

2. 岗位 SOP（标准操作规程）的内容

标准操作规程根据企业的规定应该有相应的模板和编写要求，一般情况下，应包括以下内容：题目、编号、版本号、颁发部门、生效日期、分发部门以及制订人、审核人、批准人的签名并注明日期、标题、正文及变更历史。

四、生产工艺规程、岗位操作法解析实训过程

第一步:多媒体展示"感冒清胶囊生产工艺规程"、"称量岗位 SOP"。
第二步:讲解"感冒清胶囊生产工艺规程"、"称量岗位 SOP"。

(一)感冒清胶囊生产工艺规程大纲

目录
1. 产品概述
2. 处方和依据
3. 感冒清胶囊工艺流程图
4. 原药材的前处理
5. 提取操作过程及工艺条件
6. 制剂生产过程及工艺条件
7. 原辅料、包材、中间产品及成品质量标准
8. 工艺卫生
9. 技术安全及劳动保护
10. 设备一览表及主要设备生产能力
11. 劳动组织、岗位定员、工时定额与产品生产周期
12. 物料平衡及主要工序损耗指标
13. 能源、动力消耗指标
14. 三废处理与综合利用

1. 产品概述
1.1 产品名称
感冒清胶囊 Ganmaoqing Jiaonang
1.2 产品特点
1.2.1 性状
本品为胶囊剂,内容物为四色颗粒,味苦。
1.2.2 规格
每粒装 0.5g(对乙酰氨基酚 24mg)
1.2.3 功能与主治
疏风解表,清热解毒。用于风热感冒,发热、头痛、鼻塞流涕、喷嚏、咽喉肿痛、全身酸痛等症。
1.2.4 用法与用量

2. 处方和依据
2.1 标准处方

南板蓝根	940g	大青叶	400g	金盏银盘	660g
岗梅	860g	山芝麻	460g	对乙酰氨基酚	24g
穿心莲叶	40g	盐酸吗啉胍	24g	马来酸氯苯那敏	1g

2.2 依据
本处方出自《卫生部药品标准中药成方制剂》第 19 册,标准号 WS3-B-3717-98。
2.3 批准文号为:国药准字 Z＋＋＋＋＋＋号。
2.4 制法:(略)
3. 感冒清胶囊工艺流程图
备注:

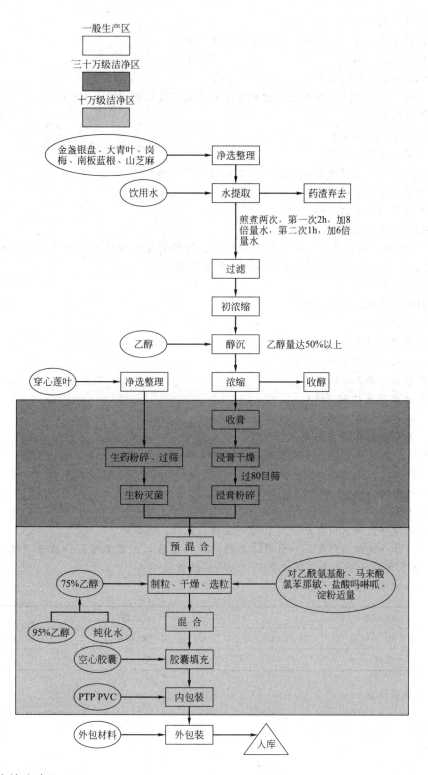

4. 原药材的前处理

4.1 整理依据

《中国药典》2000版一部附录24页。

4.2 整理炮制方法和操作过程

4.3　操作过程（略）

4.4　药材净选、洗润、切制、干燥工艺要求一览表

4.5　质量标准（略）

5. 提取操作过程及工艺条件

5.1　配料：按处方和以下规定批投料量领取定额包装的药材，复核。

5.2　提取过程（略）

5.3　初浓缩过程（略）

5.4　醇沉、浓缩、收膏

5.5　乙醇精馏：打开酒精精馏器对乙醇进行精馏（略）

5.6　浸膏干燥、粉碎过程（略）

5.7　药材粉碎、灭菌（略）

6. 制剂生产过程及工艺条件

根据生产指令，按领料单从库房和提取车间领取经质量管理部检验合格的原辅料。物料经清洁去外包进缓冲室，进入十万级洁净区的物料暂存室。

6.1　称量配料（略）

6.2　制粒、干燥、选粒（略）

6.3　混合过程（略）

6.4　胶囊填充（略）

6.5　内包（铝塑包装）（略）

6.6　外包装（略）

6.7　各岗位质量控制（略）

6.7.1　提取前处理（略）

6.7.2　制剂各岗位质量控制点

7. 原辅料、包材、中间产品及成品质量标准（略）

8. 工艺卫生

8.1　物流程序（略）

8.2　人净程序

① 人→门厅→更鞋（门厅）→更衣间（换鞋、更衣、洗手）

② 人→门厅→更鞋（门厅）→更鞋（更鞋间）→更衣（一更衣室）→洗手（缓冲室）→更衣更鞋（二更衣室）→手消毒（缓冲室）→洁净区操作间

8.3　人净标准

区域	清洁标准	清洁部位		
洁净区	无尘粒、无污垢	洗澡≥2次/周	洁净服（帽）、裤、鞋必需	口罩、手套必需
一般区	常规	常　　规		

8.4　工作服标准

区域	衣裤帽	鞋	手套	清洁周期	处理方法
300000洁净区	蓝色	白色	一次性	2～3天清洁一次	清洗、烘干
100000洁净区	浅蓝色	白色	一次性	2～3天清洁一次	清洗、烘干、消毒
一般区	蓝色	蓝色	无	3～4天清洁一次	清洗

9. 技术安全及劳动保护（略）

10. 设备一览表及主要设备生产能力（略）

11. 劳动组织、岗位定员、工时定额与产品生产周期（略）

11.1 劳动组织

实行三车间（提取、制剂、动力）二级（部门、车间）制管理，各车间由车间主任组织实施生产作业。

11.2 各岗位运转班次及岗位定员

11.3 各工序工时定额

11.4 产品生产周期

本产品正常生产周期为12天。

12. 物料平衡及主要工序损耗指标

12.1 物料平衡技术经济指标的计算

12.1.1 物料平衡率计算公式

$$物料平衡率 = \frac{实际值}{理论值} \times 100\%$$

理论值：为按照所用的原料（包装材料）量在生产中无任何损失或差错的情况下得出的最大数量。

实际值：为生产过程实际产出量。包括：本工序产出量、收集的废品量、生产中取得样品量（检品）、丢弃的不合格物料（如捕尘系统、真空系统、管道系统中收集的废弃物）等。

12.1.2 各工序物料平衡限度

车间	提取车间	制剂车间			
计算工序	定额包装	过筛	制粒	胶囊填充、内包装	外包装
范围	97%～103%	97.0%～103.0%	97.0%～103.0%	97.0%～103.0%	100.0%

12.1.3 技术经济指标

$$收率 = \frac{实际产量}{理论产量} \times 100\%$$

12.2 原辅料消耗定额

12.3 包装材料消耗定额处方量

13. 能源、动力消耗指标

13.1 用水消耗定额

纯化水 40.0（m^3/批）

饮用水 8.0（m^3/批）

13.2 用电消耗

13.3 蒸汽消耗

提取 6.0（m^3/批）

制剂 2.0（m^3/批）

13.4 压缩空气消耗

12.0（m^3/批）

14. 三废处理与综合利用

（二）"称量岗位SOP"主要内容

(1) 操作人员按洁净区更衣程序进入工作岗位。

(2) 工前检查及准备

① 检查上班次的清场合格证。

② 检查容器、设备、场地的卫生。

③ 取下设备状态标志、清场状态标志，挂上工序卡。

④ 仔细阅读有关的生产指令，认真核对物料盛装容器上标签的程序。
⑤ 填写工前检查记录。

（3）操作步骤

① 称定空配料容器（带盖）的皮重，在配料单上记录容器的皮重。

② 按规定的方法，准确称取处方量的物料，在配料单上记录物料的净重。需分几次称量的，在配好的每个包装上均须贴有配料标签，在配料标签右上角应注明该包装是第几包装。

③ 需根据含量计算重量时，配料员必须按领料单上给定的要料量及检验报告书上的实际含量计算要料量，将含量注明，交其主管负责人审核签字。

④ 所有的称量作业必须有人进行复核，复核人进行复核无误后，在配料单上签字。

⑤ 称量或复核过程中，每个数值必须与规定数值一致。

⑥ 称量过程中所用称量器具应每料一个不得混用，以避免造成交叉污染。

⑦ 填写记录。

第三步：给出"益肾蠲痹丸"主要工艺参数主要内容，学生练习编写"益肾蠲痹丸"工艺规程大纲。

益肾蠲痹丸生产工艺规程

目　录
1. 产品概述。
2. 处方和依据。
3. 工艺流程图。
原材料的整理炮制。
制剂操作过程及工艺条件。
原辅料规格（等级）、质量标准和检查方法。
质量控制要点及中间产品的质量标准及检验方法。
成品的质量标准和检查方法。
包装材料质量标准及检查方法。
说明书包装材料文字内容。
工艺规程要求及工艺用水质量标准。
设备一览表及主要设备生产能力。
技术安全及劳动保护。
岗位定员与生产周期。
原辅料消耗定额。
包装材料消耗。
中间产品消耗定额。
各工序中间产品收得率、成品收率。
动力消耗定额。
综合利用和环境保护。

内　容：

1. 产品概述：益肾蠲痹丸是由多种动、植物药材制成的丸剂，是我国著名老中医与中国中医研究所共同研制的治疗类风湿关节炎的药物，它具有抗炎、消肿、镇痛，调治机体的细胞免疫和体液免疫的功能，是当前治疗类风湿关节炎最理想的药物之一。

2. 处方和依据。

2.1　处方：单位：kg　批产量：16900袋

| 徐长卿 | 10.6 | 骨碎补（砂炒） | 10.6 | 乌梢蛇（酒制） | 10.6 |
| 蜂房（清炒） | 10.6 | 当　归 | 10.6 | 土鳖虫 | 10.6 |

延胡索	10.6	鹿衔草	10.6	淫羊藿	10.6		
(炮)熟地黄	13.2	地龙(酒制)	10.6	僵蚕(麸炒)	10.6		
蜈蚣	1.55	全蝎	1.55	萆草	13.24		
生地黄	18.6	老鹳草	13.24	虎杖	13.24		
鸡血藤	13.24	寻骨风	10.6				

低取代羟丙甲纤维素：适量　　　　聚山梨酯-80 适量

2.2 依据：国内著名老中医朱良春治疗顽痹（类风湿关节炎）经验处方。

3. 工艺流程图。

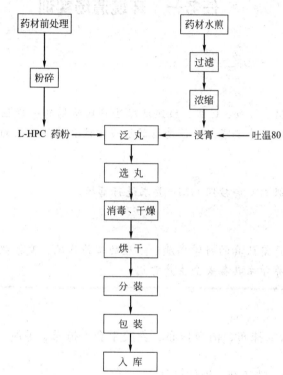

工艺流程图

第四步：学生之间互换进行检查。

第五步：老师对本节课程进行点评总结。

五、实训巩固任务

1. 让学生练习"感冒清片"工艺规程大纲的编写。
2. 让学生练习"总混岗位 SOP"的编写。

项目十　如何清场

>>> 任务一　环境清场实训

一、实训目标

知识目标

掌握一般生产区、B级、C级、D级洁净生产区清场的一般程序和清洁、消毒操作要点，学会不同洁净要求生产区清场的检查方法和清洁效果的评价。

技能目标

根据不同洁净级别，会按照GMP要求进行清场。

素质目标

培养学生具备严肃认真的科学态度和严谨的工作作风。要按照国家有关药品的规定规范从业。培养学生具备安全生产意识。

二、实训情景

1. 清场工器具：清洁抹布、洁净抹布、橡胶手套、拖布、毛刷、清洁盆/桶、废弃物容器。
2. 清洁剂：洗衣粉、洗涤剂、液体皂等。
3. 消毒剂：5％甲酚皂溶液、0.5％新洁尔灭溶液、75％乙醇溶液、3％H_2O_2。
4. 清场用溶剂：纯化水、饮用水。

三、相关知识

（一）清物料

（1）将岗位生产剩余原料、半成品（料头、料尾）等物料准确计量、包装严密。

（2）认真填写物料标示卡，注明品名、批号、数量、质量指标和状况、填写人、复核人签名，并在生产记录中注明。

（3）将剩余原料送物料暂存室存放，半成品（料头、料尾）送交中间站保管，并办理相应交接手续。

（二）清垃圾、废弃物

（1）生产产生的废弃物、垃圾及污染不可回收的物料，计量包装严密，送废弃物暂存室由废弃物专用通道传递出生产区或车间。

（2）生产中产生印有批号的剩余标签、说明书或印有说明书内容的包装物及残损标签、说明书，按照标签、说明书管理规定计数封存，清出生产区或车间，存放于指定区域按规定处理。

（三）清文件

(1) 生产结束后将前次生产的相关生产技术文件存放于指定地点。

(2) 将前次生产的相关的生产记录填写，收集齐全存放于指定地点或纳入批生产记录保存于指定地点。

（四）清生产区环境

（五）清设备

（六）清管道

（七）清容器

1. 一般生产区容器、器具

(1) 清洁频率

① 使用后进行1次清洁。

② 更换品种进行清洁。

③ 隔批生产或停产，开工前进行清洁。

④ 发生异常，影响产品质量，需进行清洁。

(2) 清洁剂　雕牌洗涤剂。

(3) 清洁工具　毛刷、清洁布。

(4) 清洁方法

① 容器具使用后，用饮用水进行刷洗，必要时用少许清洁剂除去污迹或粉垢，再用水冲洗掉清洁剂的残留物（用pH试纸测最后一遍冲洗水，pH值与水一致）。

② 清洁后的容器具倒置存放在指定位置，并贴挂"已清洁"状态标志。

③ 直接接触药品的容器，用饮用水彻底刷洗后应进行烘干，以免影响药品质量。

(5) 清洁效果评价　清洁后的容器具，目检应表面无可见污迹和残留物。

(6) 清洁工具的处理　按清洁工具清洁规程处理后，存放在清洁工具间，备用。

2. D级洁净区容器具清洁规程

(1) 玻璃容器的清洁

① 玻璃容器（包括光口印度瓶、量筒、试管等），用纯化水洗刷干净，倒置控干后，放入洗液（重铬酸钾-浓硫酸配制）浸泡8h以下。浸泡时注意容器内壁的洗液要涂布均匀。

② 用纯化水将容器反复冲洗至中性为止，倒置控干，用硫酸纸将容器口捆扎密封，待用。

(2) 不锈钢盘、物料桶等容器，使用后立即用饮用水和清洁剂清洗干净，然后用纯化水冲洗3～4遍，控干，备用。使用前用75%乙醇溶液将里、外进行消毒。自然晾干后使用。

(3) 胶管、大胶塞的清洁消毒：将大瓶塞放入1%NaOH的溶液中加热，煮沸30分钟，然后用纯化水反复冲洗至中性晾干，再用硫酸纸包好，待用。

(4) 工器具的清洁消毒（不锈钢剪刀、镊子等）：工器具使用完用纯化水冲洗干净，放指定位置，用前再用75%乙醇溶液进行消毒。

(5) 所有容器、器具清洁后必须贴挂标示卡；标明日期、时间、"已清洗"等，指定位置存放。

(6) D级洁净区使用的容器具根据各工序生产要求，可干热或湿热灭菌。

3. B、C级洁净区容器、器具清洁灭菌规程

(1) 清洁消毒频度　使用前后进行清洁消毒。

(2) 清洁剂及消毒剂　根据容器具的性质选用清洁剂和消毒剂，如$NaHCO_3$、重铬酸钾洗液、3%H_2O_2溶液、1%NaOH溶液及1%Na_2CO_3溶液。

(3) 清洁、消毒方法

① 玻璃容器（光口印度瓶、玻璃三通、活塞）：使用后的光口印度瓶、量筒、烧杯等用纯化水洗净瓶内残留药液，然后加入适量 $NaHCO_3$，将瓶内外的油污去除，再用纯化水将清洁剂冲净，用重铬酸钾洗液浸泡 8h 以上，然后用纯化水将光口印度瓶中的重铬酸钾洗液冲净，最后用经 0.22μm 微孔滤膜过滤后的注射用水冲洗 4～5 遍，放在瓶架上控干，用硫酸纸包扎好瓶口后，待干热灭菌；灌注系统的玻璃活塞、三通、硅胶管等，首先用纯化水将药液残留物冲净，然后用 3％ H_2O_2 或 1％NaOH 溶液浸泡 8h 以上，用纯化水反复冲洗，最后用经 0.22μm 微孔滤膜过滤的注射用水冲洗（最后冲洗水的 pH 值与注射用水 pH 值一致），然后一起装入洁净的容器中待湿热灭菌。

② 不锈钢容器：调剂桶用清洁剂清洗干净后，用经 0.22μm 滤膜过滤后的注射用水清洗干净（最后冲洗水的 pH 值与注射用水 pH 值一致），控干后，盖上容器盖，待干热灭菌。

③ 粉针车间的容器具，如分装机接触药粉的料斗、送粉器、送粉螺杆、搅拌器等拆卸下来后用 1％ Na_2CO_3 溶液擦拭，再用注射用水清洗干净，然后用 75％乙醇溶液浸泡 15min，送至电热烘箱进行干热灭菌 180℃、2h。

④ 不能干热灭菌的如有机玻璃视罩、送粉漏斗等，用 75％乙醇溶液浸泡 15min 后，再用 O_3 发生器灭菌 1h。

⑤ 平板过滤器用纯化水冲净药液残留物后，用过滤的注射用水冲洗 4～5 遍，用硫酸纸将进口、出口包扎好装入相应的洁净袋中进行湿热灭菌。

(4) 容器、器具的传递与存放

① 经灭菌的容器、器具一律经过双扉式灭菌箱门传入。

② 传入后的容器具贮存在指定位置并贴挂"已灭菌"标示。

(5) 洁净区内的容器、器具超过 24h 不许使用，返出后重新处理。

（八）清洁用具的清洗、消毒

1. 各区域所用的清洁工具

(1) 一般生产区使用的清洁工具：拖布、抹布、笤帚、水桶、撮子。

(2) D 级洁净区使用的清洁工具：拖布、不脱落纤维的清洁布、水桶、撮子、丝光毛巾。

(3) B、C 级洁净区使用的清洁工具：超细布、不脱落纤维的清洁布。

2. 清洁剂

洗衣粉、洗涤剂、液体皂等。

3. 消毒剂

5％甲酚皂液、0.2％新洁尔灭、75％乙醇溶液（各消毒剂每月应轮换使用）。

4. 清洁方法及频率

(1) 一般生产区、D 级洁净区使用的清洁工具，每次用完后用洗衣粉搓洗干净，再用饮用水反复漂洗干净，晾干备用，水桶冲洗干净倒置存放。

(2) C 级洁净区使用的清洁工具，每天用完后，用洗涤剂清洗干净，再用纯化水冲洗掉清洁剂的残留物，然后用消毒剂浸泡 15min，晾干备用。

(3) B、C 级洁净区使用的清洁工具用洗涤剂清洗干净，再用经 0.22μm 膜过滤的注射用水漂洗至中性，拧干，放入相应的洁净袋内进行湿热灭菌，132℃、5min，备用。

5. 清洁效果评价

(1) 目检确认应洁净，无可见异物或污迹；用水漂洗确认，无污迹和残留物。

(2) 万级洁净区的清洁工具清洗、灭菌后，必要时可进行菌检，应符合标准。

6. 清洁工具的管理及存放

(1) 洁净区与非洁净区的清洁工具应在各自区域内进行清洗、消毒，分别存放于各自的清洁间内指定位置，并设有标示不得混用。

（2）万级洁净区擦拭设备的清洁工具和局部百级使用的清洁工具，要用专用超细布，与擦拭其他部位的清洁工具分开使用、清洗和存放，并有明显标记。

（3）各清洁间的清洁、消毒方法及频率，应与各区域操作岗位同步。

（九）清场内容及要求

（1）频次或时间　各生产工序在当日生产结束后，更换品种、规格或换批号前以及停产检修结束后进行清场。

（2）无生产残留物，包括原辅料、中间产品、包装材料、成品、剩余的材料、散装品、印刷的标志物等。

（3）无生产指令、生产记录等书面文字材料。

（4）无生产状态标志，清洁状态标志挂牌正确。

（5）地面无积尘、无结垢，门窗、室内照明灯、风管、墙面、开关箱外壳无积尘，室内不得放与生产无关的物品。

（6）使用的工具、容器清洁无异物、无前次产品的残留物。

（7）设备内外无前次生产遗留的药品，无油垢。

（8）非专用设备、管道、容器、工具应按规定进行清洗消毒或灭菌。

（9）凡直接接触药品的机器、设备及管道、工具、容器应每天清洗。

（10）调换品种、规格时，必须对原辅料、包装材料标签、说明书等的领用数、使用数和剩余数认真核对，核对无误后认真填写记录，对不再使用的原辅料、包装材料、标签、说明书要及时清场，返回库里。对印有批号的标签、包装材料不得涂改使用，应由专人负责及时销毁，并做好记录。

（11）固体制剂调换品种时，一律调换烘布、布袋、塑料袋。

（12）清场结束后，填好清洁状态标志，取下未清洁的"清洁状态标志"，挂上已清洁的"清洁状态标志"。

（十）清场检查方法及清洁效果评价

各工序清场工作记录的内容采取一看二摸三查的检查方法。

一看：设备、容器具、工具，应洁净、无污迹、无前次产品遗留物；操作间内无杂物，墙面、顶棚、门窗、水池、地面及照明灯具、通风口等设施表面洁净、无污迹、无前次产品遗留物；生产记录文件夹内无任何纸张、记录文件。

二摸：清场检查人员戴白色手套触摸直接接触药品的设备部件、盛装容器、计量器具的表面及操作间内墙面、顶棚、门窗、地面及照明灯具、通风口等设施的表面，白色手套应洁净、无迹污。

三查：检查《洁净区环境监测报告》，查验清场检查工序各操作间、设备表面微生物检测结果近期内是否符合药品生产要求。

1. 一般生产区清洁效果评价

（1）目检确认，玻璃应光亮透彻，无擦拭后水迹及任何残余痕迹，地面应无污垢、无积水、无废弃物。

（2）用手擦拭任意部位，应无尘迹和脱落物。

2. D级洁净区清洁效果评价

（1）目检各表面应光洁，无可见异物或污迹。

（2）QA检测尘埃粒子、沉降菌应符合标准。

3. B、C级洁净区清洁效果评价

（1）目检各表面应光洁，无可见异物或污垢。

（2）QA 对尘埃粒子、沉降菌进行检测，应达到标准。

4. 设备清洁效果评价

（1）要求做到设备主体清洁、无跑冒滴漏、轴见光，沟见底，设备见本色；设备周围无油垢、无污水、无杂物，与物料、产品直接接触部位无物料或产品的残留物痕迹。

（2）洁净区使用的设备、容器、管道在进行清洁以后，还必须用纯水或注射用水冲洗干净，并进行有效的消毒；生产无菌药品的设备、容器、管道，清洁后还要灭菌。B、C 级洁净区用的清洁用水应经过过滤。

（3）难以清洗干净的设备、容器、工具、管道，应按品种专用。

四、环境清场实训过程

（一）操作前准备

（1）清场人员入场：生产结束后，清场人员（该岗位生产操作人员已更衣穿本岗位工作服）按照人员进入一般生产区、B 级或 D 级生产区的更衣程序进入相应洁净级别生产区拟清场岗位。

（2）清场工器具准备：将清场用清洁溶剂、水、洁具、清洁剂、消毒剂准备好备用。

（3）清场前检查确认：检查并确认该岗位生产工作已完成或结束。

（4）清场的程序：清场人员对各工序操作间的清场程序按先物后地、先内后外、先上后下的顺序进行。

（二）清场操作

1. 一般生产区清洁规程

（1）清洁频率及范围

① 每天操作前和生产结束后各清洁 1 次：清除并清洗废物贮器；擦拭操作台面、地面及设备外壁；擦拭室内桌、椅、柜等外壁；擦去走廊、门窗、卫生间、水池及其他设施上污迹。

② 每周六工作结束后进行全面清洁 1 次：擦洗门窗、水池及其他设施；刷洗废物贮器、地漏、排水道等处。

③ 每月工作结束后进行全厂大清洁：对墙面、顶棚、照明、消防设施及其他附属装置除尘；全面清洗工作场所。

（2）清洁工具　拖布、水桶、笤帚、抹布、吸尘器、毛刷、废物贮器。

（3）清洁剂　洗衣粉、洗涤剂、药皂。

（4）消毒剂　5%甲酚皂液。

（5）清洁方法　操作前用抹布蘸饮用水擦拭生产环境（顶棚、墙面、门、窗、灯具、水池、地漏）各部位，地面用地拖蘸饮用水擦拭地面。工作结束后，先用清洁剂擦去各部位表面污迹，再用饮用水擦洗干净。

（6）一般原则

① 每个岗位必须有自己的清洁工具，不得跨区使用。

② 生产岗位洗手池不得清洗私人物品。

③ 清洁工必须遵守各项卫生规程。

（7）清洁工具的存放

① 清洁工具用完后，按清洁工具清洁规程处理备用。

② 水桶用后洗涮干净，倒置存放。

③ 各岗位的清洁工具分别存放于清洁工具间，并有标示，卫生间的清洁工具存放于本卫生间指定位置。

2. D级洁净区清洁消毒规程

(1) 清洁频率及范围

① 每天生产操作前、工作结束后进行1次清洁，直接接触药品设备表面清洁后再用消毒剂进行消毒。清洁范围：清除并清洗废物贮器，用纯化水擦拭墙面、门窗、地面、室内用具及设备外壁污迹。

② 每周六工作结束后，进行清洁、消毒1次。清洁范围：用纯化水擦洗室内所有部位，包括地面、废物贮器、地漏、灯具、排风口、顶棚等。

③ 每月生产结束后，进行大清洁消毒1次，包括拆洗设备附件及其他附属装置。

④ 根据室内菌检情况，决定消毒频率。

(2) 清洁工具　拖布、清洁布（不脱落纤维和颗粒）、毛刷、塑料盆。

(3) 清洁剂　洗涤剂。

(4) 消毒剂　0.2%新洁尔灭、75%乙醇溶液、5%甲酚皂液、1%碳酸钠溶液，以上消毒剂每月轮换作用。

(5) 清洁消毒方法

① 清洁程序　先物后地、先内后外、先上后下。

② 用过滤的纯化水擦拭1遍，必要时用清洁剂擦去污迹，然后擦去清洁剂残留物，再用消毒剂消毒1遍。

③ 粉针车间轧盖岗位每天操作前，用75%乙醇对室内、设备消毒1遍。生产结束后，用5%甲酚皂擦拭地面。

④ 输液车间地面以纯化水冲洗为宜，控制微粒。

⑤ 粉针车间使用消毒剂以碱性为宜。

(6) 清洁工具的清洁及存放　清洁工具使用后，按清洁工具清洁规程处理，存放于清洁工具间指定位置，并设有标示。

3. B、C级洁净区清洁消毒规程

(1) 清洁频率及范围

① 操作室每天生产前、工作结束后进行1次清洁、消毒，每天用臭氧消毒60min。清洁范围：操作台面、门窗、墙面、地面、用具及其附属装置、设备外壁等。

② 每星期六工作结束后，进行全面清洁、消毒1次。清洁范围：以消毒剂擦拭室内一切表面，包括墙面、照明和顶棚。

③ 每月，室内空间用臭氧消毒150min。

④ 根据室内菌检情况或出现异常，再决定消毒频率。

⑤ 倒班生产，两班清洁时间间距应在2h以上。

⑥ 更衣室、缓冲间及公共设施，由专职清洁工每日上班后、下班前进行清洁、消毒。

(2) 消毒剂及使用方法

① 用于消毒表面的有：0.2%新洁尔灭、5%甲酚皂液、75%乙醇溶液。

② 用于空间消毒的有：臭氧。

③ 消毒剂使用前，应经过0.22μm微孔滤膜过滤。

④ 各种消毒剂每月轮换使用。

⑤ 消毒剂从配制到使用不超过24h。

(3) 清洁、消毒方法

① 先用灭菌的超细布，在消毒剂中润湿后，擦拭各台面、设备表面，然后用灭菌的不脱落纤维的清洁布擦拭墙面和其他部位。最后擦拭地面。

② 操作室每天清洁后，按臭氧消毒规程，对房间进行臭氧消毒。

(4) 清洁程序　清洁过程中本着先物后地、先内后外、先上后下、先拆后洗、先零后整的擦拭原则。

(5) 清洁工具的清洁及存放　清洁工作结束后，清洁工具按清洁工具清洁规程清洗、存放并贴挂状态标示。

方法及频率应与各区域操作岗位同步。

（三）清场结束

1. 填写清场记录

清场结束认真填写清场记录，记录内容包括工序名称、品名、规格、批号、清场日期、清场项目、检查情况、清场人、复核人签字等。包装清场记录一式两份，分别纳入本批批包装记录和下一批批包装记录之内。其余工序清场记录纳入批生产记录。

2. 清场检查及清场合格证的发放

清场结束后由质量保证部 QA 人员按清场要求检查，并在清场记录上注明检查结果，合格后发给"清场合格证"。此证作为下次生产（下一个班次、下一批产品、另一个品种或同一品种不同规格产品）的生产凭证，附入生产记录。未领得"清场合格证"不得进行另一个品种或同一品种不同规格的生产。

3. 清场人员退出

清场检查结束后填好清洁状态标志，取下未清洁的"清洁状态标志"，挂上已清洁的"清洁状态标志"；清场人员将"清场合格证"悬挂于本区域指定位置，按照人员进出本生产区的更衣程序退出已清场的生产区域。

五、实训巩固任务

于实训车间 5 人一组进入不同操作间，进行环境清洁。

>>> 任务二　设备清场实训

一、实训目标

知识目标

掌握一般生产区、B、C 级、D 级洁净生产区清场的一般程序和清洁、消毒操作要点，学会不同洁净要求生产区清场的检查方法和清洁效果的评价。

技能目标

根据不同洁净级别，会按照 GMP 要求进行清场。

素质目标

培养学生具备严肃认真的科学态度和严谨的工作作风。要按照国家有关药品的规定规范从业。培养学生具备安全生产意识。

二、实训情景

1. 清场工器具：吸尘器、清洁抹布、洁净抹布、橡胶手套、镊子、毛刷、清洁盆/桶、废弃物容器。

2. 清洁剂：洗衣粉、洗涤剂、液体皂等。

3. 消毒剂：0.1%新洁尔灭溶液、0.2%新洁尔灭溶液、0.5%新洁尔灭溶液、75%乙醇溶液、3‰ H_2O_2。

4. 清场用溶剂：纯化水、饮用水、1‰NaOH的溶液、1‰ Na_2CO_3 溶液。

三、相关知识

GMP中对清场的要求如下。

(1) 室内不得存放与生产无关的杂物。

(2) 地面无积灰、无结垢，门窗、室内照明灯、风管、墙面、开关箱外无积灰。

(3) 使用的工具、容器应清洁、无异物，无前次产品的遗留物；设备内外无前次生产遗留的产品，没有油垢。

(4) 直接接触药品的机器、设备及管道工具、容器应每天或每批清洗或清理；非专用设备、管道、容器、工具应按规定拆洗或灭菌；同一设备连续加工同一非无菌药品时，其清洗周期按有关规定进行。

(5) 包装工序调换品种时，多余的标签及包装材料应全部按规定处理。

(6) 固体制剂工序调换品种时，对难以清洗的部位要进行验证。

(7) 清场结束由生产部门（车间）质量检查员复查合格后发给"清场合格证"。清场合格证作为下一个甚至同一品种不同批的生产凭证附入生产记录，未领得"清场合格证"不得进行下一步的生产。

生产过程的管理是药品质量形成的关键环节，不仅要确保生产过程能够正确地遵循现行的经批准的有效的规程进行，更重要的是要防止污染和混淆，防止混药或混批的发生。上面的几项仅仅是生产过程管理的一部分，药品生产企业要按照质量管理体系标准，不断寻求满足GMP要求的更新更好的科学方法，以生产出高质量的药品。

四、设备清场实训过程

（一）操作前准备

(1) 清场人员入场　生产结束后，清场人员（该岗位生产操作人员已更衣穿本岗位工作服）按照人员进入一般生产区、B、C级、D级生产区的更衣程序进入相应洁净级别生产区拟清场岗位。

(2) 清场工器具准备　将清场用清洁溶剂、水、洁具、清洁剂、消毒剂准备好备用。

(3) 清场前检查确认　检查并确认该岗位生产工作确已完成或结束。

(4) 清场的程序　清场人员对各工序操作间的清场程序按先物后地、先内后外、先上后下的顺序进行。

（二）清场操作

1. 清设备

(1) 一般生产区设备清洁规程

① 设备使用清洁工具：专用擦机布、塑料毛刷。

② 清洁剂：洗涤剂。

③ 清洁频率

a. 设备使用前清洁1次，生产结束后进行清洁，更换品种时进行清洁。

b. 设备维修后进行清洁。

④ 清洁方法

a. 生产前用饮用水擦拭设备各部位表面。

b. 生产结束后用毛刷清除设备上的残留物、碎玻璃、胶塞屑等,将可拆卸下来的各部件拆卸下来进行清洁。

c. 用清洁剂擦去设备的油污或药液,然后用饮用水将设备擦拭干净。

⑤ 购进的新设备首先在非生产区脱去外包装,用清洁布擦掉设备内外的灰尘后方可搬至操作室。

⑥ 每天清场、清洁后操作者在批生产记录上签字,QA检查员检查合格后签字,贴挂"已清洁"标示卡。并填写设备清洁记录。

⑦ 清洁效果评价:设备清洁后目视确认,应无可见污迹或油垢,用手擦拭任意部位确认应无灰迹。

⑧ 清洁工具应按清洁工具清洁规程处理,存放于清洁工具间指定位置,并有标志。

(2) D级洁净区设备清洁消毒规程

① 设备使用清洁工具:不脱落纤维的专用擦机布、塑料毛刷。

② 清洁剂有:洗涤剂。

③ 消毒剂(每月轮换使用):75%乙醇溶液、0.2%新洁尔灭溶液。

④ 清洁频率

a. 设备使用前清洁1次,生产结束后清洁1次,更换品种时进行清洁消毒。

b. 设备维修后进行清洁、消毒。

c. 每周进行1次彻底清洁消毒。

⑤ 清洁消毒方法

a. 生产前,用纯化水对设备表面进行清洁,生化车间、粉针车间轧盖岗位用75%乙醇进行消毒。

b. 生产结束后,用毛刷清除设备上的残留物、碎玻璃、胶塞屑、铝盖屑等,可拆卸的附件,拆卸下来进行清洁。

c. 每星期六工作结束后,先用清洁布(必要时用适量洗涤剂)将设备上的油污、药液擦洗干净,然后用消毒剂进行全面擦拭消毒。

⑥ 每天工作结束清洁后,操作者填写设备清洁记录并签字,QA检查员检查合格后签字,并贴挂"已清洁"或"已消毒"标示卡。

⑦ 清洁工具的处理:洁净区专用擦机布,用完后清洗干净,用消毒剂浸泡15min存放于清洁工具间指定位置,备用。

(3) B、C级洁净区设备清洁消毒规程

① 设备清洁、消毒频率:设备使用前消毒1次,生产结束后清洁、消毒1次,维修保养后进行清洁、消毒。更换品种进行清洁、消毒。

② 清洁工具

a. 经灭菌的不脱落纤维的专用擦机布。

b. 消毒剂:0.2%新洁尔灭、75%乙醇溶液、1%碳酸钠。

c. 消毒剂每月轮换使用,并经0.22μm微孔滤膜过滤。

③ 清洁、消毒方法

a. 生产前用75%乙醇溶液润湿专用擦机布,对设备的各部位全面擦拭。

b. 生产结束后,先清除设备表面所有的废弃物、玻璃屑、胶塞屑等。

c. 将设备直接接触药品的可拆卸的部件(如灌注用的注射器、玻璃活塞、硅胶管、针头等)拆卸下来进行清洁后,放入机动门脉动真空灭菌器内,按其操作规程进行灭菌,132℃、5min。

d. 用干擦机布将设备转动部位的油垢、药液擦拭干净,然后用注射用水擦拭干净再用75%乙醇溶液擦拭各部位。

e. 新设备进入洁净区时,先在非无菌区清洁设备的内外灰尘、污垢,在臭氧大消毒之前搬运至洁净区操作室。

④ 清洁间隔时间:清洁、消毒后24h有效。

⑤ 清场、清洁、消毒后,填写"设备清洁"记录,操作人在"批生产记录"上签字,QA检查员检查合格后签字。并贴挂状态标示卡。

⑥ 清洁工具的处理:清洁设备专用超细布,使用后清洗干净,按工序分类包扎好,装入相应的洁净袋中进行湿热灭菌(132℃、5min)。灭菌后存放在清洁工具间。

2. 清管道(内部、拆卸)

(1) 清洁实施的条件及频次

① 换品种时或同品种换批次时。

② 每日生产结束后。

(2) 清洁用工具　水桶、白绸布、尼龙刷。

(3) 清洁方法及清洁用水

① 用0.5%清洁剂溶液擦洗干净管道外部表面。

② 用饮用水擦拭干净管道外表面,并进行消毒。

③ 在停产后,生产前打开排污阀将蒸汽管道内、去离子管道内、饮用水管道内的污水杂质排掉,直至见蒸汽、水质澄清洁白、pH值中性为止。

(4) 清洁剂及消毒剂　0.5%中性清洁剂;5%新洁尔灭液。

(5) 消毒方法　用白绸布蘸浸新洁尔灭擦拭消毒。

(6) 清洁效果的评价　管道外表洁净,无灰尘、无污迹,管内无污水。微生物检测应符合相应洁净级别的洁净要求。

(三) 清场结束

1. 填写清场记录

清场结束认真填写清场记录,记录内容包括工序名称、品名、规格、批号、清场日期、清场项目、检查情况、清场人签字、复核人签字等。包装清场记录一式两份,分别纳入本批批包装记录和下一批批包装记录之内。其余工序清场记录纳入批生产记录。

2. 清场检查及清场合格证的发放

清场结束后由质量保证部QA人员按清场要求检查,并在清场记录上注明检查结果,合格后发给"清场合格证"。此证作为下次生产(下一个班次、下一批产品、另一个品种或同一品种不同规格产品)的生产凭证,附入生产记录。未领得"清场合格证"不得进行另一个品种或同一品种不同规格的生产。

3. 清场人员退出

清场检查结束后填好清洁状态标志,取下未清洁的"清洁状态标志",挂上已清洁的"清洁状态标志";清场人员将"清场合格证"悬挂于本区域指定位置,按照人员进出本生产区的更衣程序退出已清场的生产区域。

五、 实训巩固任务

于实训车间5人一组进入操作间,对不同操作间的设备进行清洁。

项目十一 如何取样、检验

>>> 任务一 认识质量控制（QC）与质量保证（QA）

一、实训目标

知识目标

掌握质量控制（QC）与质量保证（QA）的定义；熟悉质量控制（QC）与质量保证的基本要求；了解质量控制的职责。

技能目标

通过案例分析熟悉药品质量控制与质量保证的职责。

素质目标

培养学生认真、科学的从业精神，严谨、实事求是的科学态度；树立质量第一、质量为本的工作意识；养成良好的职业道德和行为规范。

二、实训情景

1. 准备与药品质量有关的案例，学生观看、阅读案例，分组讨论。
2. 具备互联网的多媒体教室，学生在老师引导下分析案例。

三、相关知识

（一）质量控制

质量控制（QC）：为保持某一产品、过程或服务满足规定的质量要求所采取的作业技术和活动。《药品生产质量管理规范》（2010年修订）第十一条规定质量控制包括相应的组织机构、文件系统以及取样、检验等，确保物料或产品在放行前完成必要的检验，确认其质量符合要求。

药品生产过程的质量控制，通常采用对原材料、中间产品、产品的检验。质量控制的一般顺序是：明确质量要求；编制作业规范或控制计划以及判断标准；实施作业规范或控制计划；按判断标准进行监督和评价。

质量控制职责：制定和修订物料、中间产品和成品的内控标准和检验操作规程，制定取样和留样制度；制定检验用设备、仪器、试剂、试液、标准品（对照品）、滴定液、培养基、实验动物等管理办法；对物料、中间产品和成品进行取样、检验、留样，并出具检验报告；检测洁净区尘粒数和微生物数；评价原料、中间产品和成品的质量稳定性，为确定药物贮存期/药品有效期提供数据。

质量控制的基本要求：《药品生产质量管理规范（2010年修订）》第十二条规定应当配

备适当的设施、设备、仪器和经过培训的人员,有效、可靠地完成所有质量控制的相关活动;应当有批准的操作规程,用于原辅料、包装材料、中间产品、待包装产品和成品的取样、检查、检验以及产品的稳定性考察,必要时进行环境监测,以确保符合本规范的要求;由经授权的人员按照规定的方法对原辅料、包装材料、中间产品、待包装产品和成品取样;检验方法应当经过验证或确认;取样、检查、检验应当有记录,偏差应当经过调查并记录;物料、中间产品、待包装产品和成品必须按照质量标准进行检查和检验,并有记录;物料和最终包装的成品应当有足够的留样,以备必要的检查或检验;除最终包装容器过大的成品外,成品的留样包装应当与最终包装相同。

(二)质量保证

质量保证(QA):为使人们确信某一产品、过程或服务满足规定的质量要求所必需的有计划、有系统的全部活动。

《药品生产质量管理规范(2010年修订)》第八条规定质量保证是质量管理体系的一部分。企业必须建立质量保证系统,同时建立完整的文件体系,以保证系统有效运行。

质量保证的关键是提供信任,即向客户和其他相关方提供能够被确信组织有能力达到质量要求。一般来说,质量保证的方法有质量保证计划、产品的质量审核、质量管理体系认证、由国家认可的检测机构提供产品合格的证据、质量控制活动的验证等。

质量保证的职责:《药品生产质量管理规范(2010年修订)》第九条规定质量保证系统应当确保:药品的设计与研发体现本规范的要求;生产管理和质量控制活动符合本规范的要求;管理职责明确;采购和使用的原辅料和包装材料正确无误;中间产品得到有效控制;确认、验证的实施;严格按照规程进行生产、检查、检验和复核;每批产品经质量受权人批准后方可放行;在贮存、发运和随后的各种操作过程中有保证药品质量的适当措施;按照自检操作规程,定期检查评估质量保证系统的有效性和适用性。

药品生产质量管理的基本要求:《药品生产质量管理规范(2010年修订)》第十条规定:

(1)制定生产工艺,系统地回顾并证明其可持续稳定地生产出符合要求的产品;

(2)生产工艺及其重大变更均经过验证;

(3)配备所需的资源,至少包括:①具有适当的资质并经培训合格的人员;②足够的厂房和空间;③适用的设备和维修保障;④正确的原辅料、包装材料和标签;⑤经批准的工艺规程和操作规程;⑥适当的贮运条件。

(4)应当使用准确、易懂的语言制定操作规程;

(5)操作人员经过培训,能够按照操作规程正确操作;

(6)生产全过程应当有记录,偏差均经过调查并记录;

(7)批记录和发运记录应当能够追溯批产品的完整历史,并妥善保存、便于查阅;

(8)降低药品发运过程中的质量风险;

(9)建立药品召回系统,确保能够召回任何一批已发运销售的产品;

(10)调查导致药品投诉和质量缺陷的原因,并采取措施,防止类似质量缺陷再次发生。

四、药品质量保证与质量控制实训过程

药品质量事故剖析

(一)前言

全球500强有20家制药企业,中国企业占29家,其中没有一家是中国药企。据统计,医药最发达的美国拥有药品生产企业200多家,而我国则是4000多家。制药老大辉瑞公司销售额超过了中国几千家药企的总和。不仅如此,中国药品食品行业进入一个多事之秋。中

国药品产业结构不尽合理,"多、小、散、乱"的企业结构没有改变,低水平重复生产现象严重。这从一个方面折射出了我国药品市场的管理现状。药品市场秩序的混乱局面尚未根本好转,企业法律意识、质量意识、自律意识不强。一个企业的药品在市场出现药品不良事件,即使产品质量没问题,重拾市场信心也是非常困难的。

(二)国内不良药品事件

1. 齐二药——荒唐药品企业管理模式

齐齐哈尔第二制药公司是一家拥有300多名职工的正规药厂,其前身是一家国有企业,2005年改制为民营药厂;作为黑龙江省西部地区最大的水针剂生产厂2002年通过了药品GMP认证。转制之后,齐二药进入了一个"多事之秋",大批老工人"回家",新进厂的人不培训就上岗,管理人员用谁不用谁老板一个人说了算,化验室11名职工无一人会进行红外图谱分析操作。为了节省成本,工厂大量解聘正式工人,而用工资水平低的临时工来替代。

亮菌甲素注射液,是齐齐哈尔第二制药厂2006年3月才推出的一个新的品种,使用工业二甘醇代替丙二醇作为溶剂生产亮菌甲素注射液,二甘醇在体内氧化成草酸而引起肾脏损害。

国家局调查结果表明:齐二药生产和质量管理混乱,检验环节失控,检验人员将二甘醇判为丙二醇投料生产,造成假药案件的发生。

2005年9月,负责采购的钮某和副总经理郭某,违反物料采购应派人对供货方实地考察和要求供货方提供样品进行检验等相关规定,严重不负责任,在未确切核实供应商王某的供货资质的情况下,2005年10月,经郭某同意,钮某向王某购入了1吨由二甘醇冒充的丙二醇。

而陈某、朱某作为齐二药公司负责化验、生产质量的化验室主任和主管的副总经理,在明知该批假冒丙二醇相对密度不合格,并且公司检验设施不齐全,检验人员检验资质不全,没有做鉴别检验项目的情况下,违反药品生产质量管理规定,开具虚假的合格检验报告书,致使该批假冒丙二醇被投入公司生产。

此外,作为公司"一把手"的尹某,主管公司的全面工作,在明知本公司绝大多数检验人员检验资质不全的情况下,对公司的物料采购、药品生产等生产活动的管理严重不负责任,致使上述假冒丙二醇被顺利投入生产。

而在庭审中,5名被告人都承认了指控的基本事实,但也分别作出辩解,答辩中也曝出了公司生产和人事上的种种内幕,令法庭数度哗然。

采购员钮某说自己根本看不懂化验资料;化验室主任陈某的学历是初中一年级,并自称"没有受过什么(化学)培训";副总经理朱某称"在公司有个惯例,产品检验不合格也要按合格开(报告书)";副总经理郭某更称,"公司的GMP认证是花10万元买的";总经理尹某则表示,在生产和销售"亮菌甲素注射液"时,他已辞职,对假药事件毫不知情。郭某甚至如此荒唐地比喻采购药品原料:"这就好比买猪肉,你去买两斤猪肉,怀疑里面有猪肉精,难道你会去养猪场实地考察吗?"

结局:齐二药总经理、副总经理等5人分别因重大责任事故罪被判七年至四年不等的有期徒刑。齐二药假药案主犯之一王某,因犯有危害公共安全、销售伪劣产品、虚报注册资本三重罪,判处无期徒刑,剥夺政治权利终身。5种假药现身市场,11名病人被夺去生命,《药品生产许可证》被吊销,企业被关闭,职工失业。

齐二药事件暴露出的问题让人们产生了疑问:与事故相关的各个环节中的责任人到底在做什么?他们是否有能力承担责任?他们是否真正承担起了责任?

2. 佰易——唯利是图，酿成大祸

广东佰易药业有限公司前身是广东省血液制品所，有40年血液制品生产历史，2006年11月通过国家局组织的GMP认证五年到期复查。佰易药业生产的药品"静注人免疫球蛋白"，导致部分患者检验出丙肝抗体呈阳性。

国家局和卫生部调查表明，佰易公司在生产"静注人免疫球蛋白"过程中，非法购进血浆原料、不能提供有效完整的生产记录和检验记录、套用正常生产批号上市销售；涉嫌药品已销往全国各地。涉案药品市场流通量大于批生产记录产量，即实际销售量大于生产量。故意造假，套用正常产品的批号生产并上市销售，妄图逃避监管，把非法产品合法化，把违法行为隐秘化。2006年7月，佰易由原老厂搬迁至新厂，按规定必须重新申请GMP认证。但就在2006年7~11月再认证GMP期间，佰易却违规套批生产。"出事"的药品，有的正出自这段违规生产期。

结局：收回"药品GMP"证书，停止生产和销售产品。

五、实训巩固任务

深入企业进行调研，了解企业QA和QC的工作内容，了解企业曾出现过的质量问题及解决方法，找出企业是否存在质量隐患。

>>> 任务二 取 样 实 训

一、实训目标

知识目标

掌握取样的定义；熟悉取样的基本要求；了解取样的基本过程。

技能目标

通过取样的练习，能够按照取样SOP的要求熟练掌握取样的基本过程和基本操作。

素质目标

培养学生认真、科学的从业精神，严谨、实事求是的科学态度；树立质量第一、质量为本的工作意识；养成良好的职业道德和行为规范。

二、实训情景

1. 准备物料、中间产品、半成品、成品。
2. 根据取样SOP到实训室进行取样练习。

三、相关知识

（一）相关法规

《药品生产质量管理规范（2010年修订）》第二百二十二条规定取样应当至少符合以下要求。

（1）质量管理部门的人员有权进入生产区和仓储区进行取样及调查。

(2) 应当按照经批准的操作规程取样,操作规程应当详细规定:①经授权的取样人;②取样方法;③所用器具;④样品量;⑤分样的方法;⑥存放样品容器的类型和状态;⑦取样后剩余部分及样品的处置和标识;⑧取样注意事项,包括为降低取样过程产生的各种风险所采取的预防措施,尤其是无菌或有害物料的取样以及防止取样过程中污染和交叉污染的注意事项;⑨贮存条件;⑩取样器具的清洁方法和贮存要求。

(3) 取样方法应当科学、合理,以保证样品的代表性。

(4) 留样应当能够代表被取样批次的产品或物料,也可抽取其他样品来监控生产过程中最重要的环节(如生产的开始或结束)。

(5) 样品的容器应当贴有标签,注明样品名称、批号、取样日期、取自哪一包装容器、取样人等信息。

(6) 样品应当按照规定的贮存要求保存。

(二) 物料取样 SOP

目的:建立一个物料取样操作 SOP,使取到的样品更具代表性严格保证物料质量。

范围:适用于所有原、辅料。

职责

(1) 库管员:及时填写请验通知单,协助取样员完成取样工作。

(2) QC(QA)人员:严格按该 SOP 对物料进行取样。

内容:

1. 有关定义

(1) 取样系指从一批产品中,按取样规则抽取一定数量,并具有代表性的样品。

(2) 样品系指为了检验药品的质量,从整批产品中采用足够检验用量的部分。

2. 取样前的准备工作

(1) 取样工具 不锈钢取样针、不锈钢取样勺、不锈钢刀或剪刀、采样器等,取样工具必须做到清洁、干燥。

(2) 包装容器的准备 三角瓶、塑料袋。包装容器必须保持清洁干燥。

(3) 取样工具和包装容器的洗涤 先用肥皂水洗刷,水冲洗干净后,再用蒸馏水冲洗三次后,干燥。

(4) 注意使用和放置过程中防止受潮和异物混入。

(5) 取样用各种原始记录 取样证、取样记录。

3. 取样条件

(1) 初次取样由供应部用书面请验单提出申请取样。

(2) 复试取样由检验员填写书面请验单申请取样,否则不予取样。复试取样应扩大取样面加倍取样。

(3) 特殊情况取样时需经 QC 主管书面通知,否则不予取样。

4. 取样步骤

(1) 取样件数的确定

① 辅料按批取样:设每批件数为 n,当 $n \leqslant 3$ 时,每件取样;当 $3 < n \leqslant 300$ 时,取样件数为 $n+1$;当 $n > 300$ 时,取样件数为 $(n/2)+1$。

② 原药材是从同批次药材包件中抽取检定用供试品。药材总包件在 100 件以下的,取样 5 件;100~1000 件,按 5% 取样;超过 1000 件,超过部分按 1% 取样;不足 5 件的逐件取样。贵重药材,不论包件多少均逐件取样。对破碎的、粉末状的或大小在 1cm 以下的药材,可以用采样器(探子)抽取供试品,每一包件至少在不同部位抽取 2~3 份供试品,包件少的抽取总量应不少于实验用量的 3 倍;包件多的,每一包件的取样量一般按下列规定:

一般药材 100~500g；粉末状药材 25g；贵重药材 5~10g；个体大的药材，根据实际情况抽取代表性的供试品。如药材的个体较大时，可在包件不同部位（包件大的应从 10cm 以下的深处）分别抽取。

(2) 具体操作

① 麻袋、布袋、塑料袋包装物取样：按规定取样件数将堆放不同部位的包装袋，开启包装袋后，取上、中、下三个部位的样品放入干净的塑料布上。将所取样品混合均匀后（若药材个体较大可经一定处理后再混合），用四分法缩减样品到规定取样量时，装入容器内送检。

② 易吸湿样品应及时取样，分装，送检。所取样品应密闭，以防吸潮。

③ 液体物料取样

a. 槽车、罐内取样：如有搅拌装置，应先开动搅拌装置，使样品搅拌均匀后再取样。如无搅拌装置时，应取上、中、下三部位样品，装入具塞瓶内，混合均匀后再送检。

b. 玻璃瓶包装取样：大包装取样按取样件数开启瓶盖，用取样管搅拌均匀后，取中部样品放于瓶内，混合均匀后送检。小包装取样同固体瓶装和小袋包装物的取样。

c. 易挥发物应及时取样，送检，所取样品应密闭，以防样品挥发。

取样结束后，取样人员将被取样包件封口并填写取样证贴于被取样包件上；填写取样记录并将样品存放于指定地点。

附件：××××药业有限公司原辅料取样记录

编号：　　　　　　　　　　　　　　　　　　　　　　　制定依据：

日期	样品名称	生产单位	编码	总件数	取样数	取样量	取样人	备注

(三) 中间品、半成品、成品取样标准操作（SOP）

目的：建立中间产品、半成品、成品取样标准操作程序，使取到的样品更具有代表性，确保取样标准化。

范围：所有中间产品、半成品、成品（包括成品留样样品）。

责任：车间各工序长：及时填写请验通知单。

经 QC 培训合格的授权取样员（一般为 QA 人员）：严格按取样标准操作程序取样。

操作步骤：

1. 取样前的准备工作

(1) QA 接到半成品（中间产品）请验单后，做好取样准备，依据请验单的品名、批号、数量（中间产品、半成品的重量和包件数）等计算取样件数，一般取样量为 100g。成品取样依据批包装指令中半成品饮片重量与每袋重量之差计算理论包件数，从而根据取样原则确定该批成品取样件数。

(2) 准备洁净的取样器、样品盛装容器和辅助工具（手套、取样袋、纸、笔）。

(3) 取样器：不锈钢剪刀或钢刀、不锈钢探子、不锈钢取样勺等。

(4) 样品盛装容器：塑料袋。

(5) 取样原则：设每批包件数为 n，当 $n \leqslant 3$ 时，每件取样；当 $3 < n \leqslant 300$ 时，取样件数为 $n+1$；当 $n > 300$ 时，取样件数为 $(n/2)+1$。

2. 取样

(1) 取样地点：中间产品、半成品在车间中间站取样，成品在包装车间取样。

(2) 取样量

① 半成品、中间产品取样量为100g（净度检查、水分检查、色泽与火候由QA现场检测，因检测过程在车间进行从而避免污染，检测后的样品退回相关工序）。

② 成品取样量为200g。

(3) 取样过程

① QA人员收到半成品（中间体）请验单后，携带取样工具到中间站取样，取样前核对状态标志，应为黄色待检标志，核对请验单内容与实物标记相符，核对品名、批号、包件数等，核对无误后方可取样。

② 将包件数一分为三，第一部分称"B"（开始），第二部分称"M"（中间），第三部分称"E"（末了），然后每个部分随机抽样。

③ 用采样器自上而下插至容量上、中、下三个部位取样（不得少于3个取样点），将样品放在干净的自封袋中，依次抽取其他各件。要求每件取样量均等，等量对角翻动数次混匀。按取样量称取样品，置于取样袋（将多余的样品放回），标签上应填写品名、批号、取样人、取样日期等。

④ 成品取样过程：QA根据计算的取样件数和理论包件数确定在生产过程中每隔几件取样一次直至生产结束后，当样品混合均匀后将留样量称重后按相关要求包装形成留样包装单元，应包括单独的标签、合格证等内容。

⑤ 取样结束后取样人员在请验单上签名，样品交于QC并监督其在请验单上填写收样人和收样日期，负责将请验单（车间联）退回车间。

⑥ 取样员填写取样记录包括品名、批号、数量、取样量、取样人、取样日期等。

(4) 取样器具的清洗、贮存

① 不锈钢器具的清洗：将其用适宜的毛刷蘸洗涤剂反复刷洗，再用饮用水冲净泡沫最后用纯水冲洗三遍。洗涤后的不锈钢器具一般自然干燥，急用时可将容器中的水倒净，放在105~110℃电烘箱中烘干。

② 干燥后的洁具包好存放于专用柜或盒中保存。

(5) QC人员随机抽取QA抽取的取样量。

四、取样实训过程

1. 物料的取样

由教师准备好物料，学生根据所给的物料制定取样程序，并按照程序进行取样练习。

2. 中间产品的取样

由教师准备好中间产品，学生根据所给的中间产品制订取样程序，并按照程序进行取样练习。

3. 半成品的取样

由教师准备好半成品，学生根据所给的半成品制订取样程序，并按照程序进行取样练习。

4. 成品的取样

由教师准备好成品，学生根据所给的成品制订取样程序，并按照程序进行取样练习。

五、实训巩固任务

随机对学生进行取样的考察，看学生的掌握情况，对考察结果不达要求的进行巩固练习。

>>> 任务三 药品检验操作规程解析

一、实训目标

知识目标

掌握药品质量标准的定义、类别；熟悉药品质量标准的主要内容；药品检验工作的基本程序。

技能目标

通过查阅质量标准，能够按照质量标准的要求设计检验的基本过程和基本操作。

素质目标

培养学生认真、科学的从业精神，严谨、实事求是的科学态度；树立质量第一、质量为本的工作意识；养成良好的职业道德和行为规范。

二、实训情景

1. 准备药品质量标准。
2. 根据药品质量标准的要求设计检验的基本过程和基本操作。

三、相关知识

药品是用于防病、治病、诊断疾病、改善体质、增强机体抵抗力的物质。为了保证药品质量，必须按照国家规定的药品质量标准进行药品检验和质量控制。《中华人民共和国药品管理法》规定："药品必须符合国家药品标准"，不合格的药品不得出厂、销售、使用。国家设有专门负责药品检验的法定机构，即各级药品检验所、药厂、医药公司以及医院药房等单位也设立药品质量检查部门。

药品检验工作的基本程序：药品检验工作是药品质量控制的重要组成部分。不同类别的药品质量检验的工作内容和程序是不相同的。现以企业的药品生产检验为例，介绍药物分析检验的基本程序。

1. 掌握标准

首先，必须熟悉和掌握技术标准和有关规定。在进行药品检验工作之前，必须根据检测对象和检测目的，确定检测质量标准或检测标准操作规程，明确抽样方法、检验方法和有关规定，明确产品合格的判定原则。

2. 取样

参见任务二。

3. 检验

在规定的检验条件下，按规定的检验方法对抽取的样品进行检验，所得到的检验数据与检验结果必须满足误差限度的要求，并如实记录。药品质量检验的内容一般包括性状、鉴别、检查和含量测定等项目。对药物进行外观性状观测是进行药品检验工作的第一步，应根据相应质量标准的规定内容和方法，观测并记录检品的外观、色泽、臭、味及有关物理常数，进而进行相应的鉴别、检查和含量测定等项目。在检验过程中应将观察到的现象、检验数据、结果、结论、处理意见等完整书写,一般不得涂改。检验原始记录一定要保证数据的原始性、真实性、完整性和简明规范,能有效地追溯检品的质量状况及检验情况。

4. 结果处理及出具检验报告

运用科学的方法对检测数据进行必要的处理,要注意有效数字的运用及标准偏差对结果准确度和精密度的影响。最终根据检测结果填写检验报告书,出具检验报告。检验报告应完整、无破损缺页、字迹清楚、文字简洁、意思全面。检验报告要有检验依据、检验项目及结论等信息,必须经检验人、复核人签名,最后由质量管理部门负责人审核盖章。对不符合规定的药品,除以上涉及的内容外,还应提出处理意见,供有关部门参考。成品检验报告参见附录相关内容。

四、药品检验操作规程解析实训过程

教师出示阿司匹林肠溶片检验标准操作规程,结合阿司匹林肠溶片质量标准进行讲解。

阿司匹林肠溶片检验标准操作规程

起草人		日期	20 年 月 日
审核人		日期	20 年 月 日
批准人		日期	20 年 月 日
生效日期	20 年 月 日	颁发部门	质量部
分发部门	质量控制部		

1. 目的

建立阿司匹林肠溶片检验标准操作规程,规范阿司匹林肠溶片检验操作。

2. 范围

适用于阿司匹林肠溶片的检验。

3. 依据

《中国药典》2010 版二部

4. 职责

4.1 起草:QC 审核:QA 批准人:质量负责人。

4.2 QC 实施本规程。

4.3 QA 监督本规程的实施。

5. 内容

本品含阿司匹林($C_9H_8O_4$)应为标示量的 93.0%～107.0%。

5.1 性状

本品为肠溶包衣片,除去包衣后显白色。

5.2 鉴别

5.2.1 仪器及试液

一般实验仪器和高效液相色谱仪。

三氯化铁试液:三氯化铁 9g,加水使溶解成 100ml,即得。

5.2.2 分析步骤

5.2.2.1 取本品的细粉适量(约相当于阿司匹林 0.1g),加水 10ml,煮沸,放冷,加三氯化铁试液 1 滴,观察现象,溶液显紫堇色。

5.2.2.2 在含量测定项下记录的色谱图中,供试品溶液主峰的保留时间应与对照品溶液主峰的保留时间一致。

5.3 检查

5.3.1 游离水杨酸

5.3.1.1 仪器及试液

一般实验仪器、十万分之一天平和高效液相色谱仪。

1%冰醋酸甲醇溶液：取1ml冰醋酸加甲醇稀释至100ml，即得。

5.3.1.2 分析步骤

除检测波长改为303nm外，照含量测定项下的色谱条件试验。精密称取细粉适量（约相当于阿司匹林0.1g），置100ml量瓶中，用1%冰醋酸甲醇溶液振摇溶解，并稀释至刻度，摇匀，用有机相滤膜（孔径：0.45μm）滤过，立即精密量取续滤液10μl，注入液相色谱仪，记录色谱图；另取水杨酸对照品约15mg，精密称定，置50ml量瓶中，用1%冰醋酸甲醇溶液溶解，并稀释至刻度，摇匀，精密量取5ml，置100ml量瓶中，用1%冰醋酸甲醇溶液稀释至刻度，摇匀，同法测定。按外标法以峰面积计算，含水杨酸不得过阿司匹林标示量的1.5%。

$$含量\% = \frac{A_{样} \times W_{对}/50 \times 5/100 \times 平均片重}{A_{对} \times W_{样}/100 \times 0.1} \times 100\% \qquad 公式①$$

式中　$A_{样}$——样品的峰面积；

　　　$W_{对}$——水杨酸对照品称样量，g；

　　　$A_{对}$——水杨酸对照品的峰面积；

　　　$W_{样}$——样品的称样量，g；

　　　0.1——标示量。

5.3.2 释放度

5.3.2.1 试液及仪器

一般实验仪器、十万分之一天平、高效液相色谱仪和ZRC-8L智能溶出度测试仪。

0.1mol/L的盐酸溶液：取盐酸9ml，加水使成1000ml，摇匀即得。

0.2mol/L磷酸钠溶液：称取$Na_3PO_4 \cdot 12H_2O$ 76.02g，加水溶解使成1000ml，摇匀即得。

5.3.2.2 分析步骤

(1) 酸中释放量

取本品，照释放度测定法，采用溶出度测定法第一法装置，以0.1mol/L的盐酸溶液750ml为溶出介质，待溶出介质温度恒定在（37.0±0.5）℃后，调节转速为每分钟100转，依法操作，经2小时时，取溶液10ml，滤过，照含量测定项下的色谱条件，精密量取续滤液10μl注入液相色谱仪，记录色谱图；另取阿司匹林对照品，精密称定13mg，置200ml量瓶中，用1%冰醋酸甲醇溶液溶解并稀释至刻度，摇匀，精密量取5ml，置25ml量瓶中，用1%冰醋酸甲醇溶液稀释至刻度，摇匀，即得阿司匹林对照品溶液；取上述对照品溶液同法测定，按外标法计算出每片的阿司匹林释放量，限度应不大于阿司匹林标示量的10%。

$$释放度\% = \frac{A_{样} \times W_{对}/200 \times 5/25}{A_{对} \times 0.1/750} \times 100\% \qquad 公式②$$

式中　$A_{样}$——样品的峰面积；

　　　$W_{对}$——阿司匹林对照品称样量，g；

　　　$A_{对}$——阿司匹林对照品的峰面积；

　　　0.1——标示量。

(2) 缓冲液中释放量

酸中释放量检查项下的溶液中继续加入37℃的0.2mol/L磷酸钠溶液250ml，混匀，用2mol/L盐酸溶液或2mol/L氢氧化钠溶液调节溶液的pH值为6.80±0.05，继续溶出45分钟，取溶液10ml，滤过，照含量测定项下的色谱条件，精密量取续滤液10μl，注入液相色谱仪，记录色谱图。另精密称取阿司匹林对照品18mg，置50ml量瓶中，用1%冰醋酸甲醇溶液溶解并稀释至刻度，摇匀，精密量取5ml，置25ml量瓶中，用1%冰醋酸甲醇溶液稀释至刻度，摇匀，即得阿司匹林对照品溶液；另精密称取水杨酸对照品22mg，置200ml量瓶中，用1%冰醋酸甲醇溶液溶解并稀释至刻度,摇匀,用 1‰冰醋酸甲醇溶液稀释至刻度,摇匀,精密量取 5ml,置 100ml 量瓶中,用 1‰冰醋酸甲醇溶液稀释至刻度,摇匀,即得水杨酸对照品溶液。分别取上述对照品溶液同法测定,按外标法分别计算出每片的阿司匹林释放量和水杨酸含量,将所测得的水杨酸含量乘以 1.304 再加上阿司匹林释放量即得本品释放量。限度为标示量的 70%,应符合规定(阿司匹林相对分子质量为 180.16,水杨酸相对分子质量为 138.12,校正因子为 1.304)。

$$\text{释放度阿司匹林}\% = \frac{A_{样阿} \times W_{对}/50 \times 5/25}{A_{对} \times 0.1/990} \times 100\% \qquad 公式③$$

式中 $A_{样阿}$——样品的阿司匹林峰面积;
　　　$W_{对}$——阿司匹林对照品称样量,g;
　　　$A_{对}$——阿司匹林对照品的峰面积;
　　　0.1——标示量。

$$\text{释放度水杨酸}\% = \frac{A_{样水} \times W_{对}/200 \times 5/100}{A_{对} \times 0.1/990} \times 100\% \qquad 公式④$$

式中 $A_{样水}$——样品的水杨酸峰面积;
　　　$W_{对}$——水杨酸对照品称样量,g;
　　　$A_{对}$——水杨酸对照品的峰面积;
　　　0.1——标示量。

$$\text{释放度}\% = \text{释放度阿司匹林}\% + 1.304 \times \text{释放度水杨酸}\% \qquad 公式⑤$$

5.3.3 片重差异

5.3.3.1 仪器

万分之一天平。

5.3.3.2 分析步骤

取供试品 20 片,精密称定总重量,求得平均片重后,再分别精密称定每片的重量,每片重量与平均片重相比较,重量差异限度应在标示片重的 ±7.5% 以内,超出重量差异限度的不得多于 2 片,并不得有 1 片超出限度 1 倍。

5.4 含量测定

照高效液相色谱法测定。

5.4.1 仪器

一般实验仪器、十万分之一天平和高效液相色谱仪。

5.4.2 色谱条件与系统适用性试验

用十八烷基硅烷键合硅胶为填充剂,以乙腈-四氢呋喃-冰醋酸-水(20:5:5:70)为流动相;检测波长为 276nm。理论板数按阿司匹林峰计算不低于 3000,阿司匹林峰与水杨酸峰分离度应符合要求。

5.4.3 分析步骤

取本品 20 片,精密称定,充分研细,精密称取细粉适量(约相当于阿司匹林 10mg),置 100ml 量瓶中,用 1‰ 的冰醋酸甲醇溶液强烈振摇溶解并稀释至刻度,用有机相滤膜(孔径:0.45μm)滤过,精密量取续滤液 10μl,注入液相色谱仪,记录色谱图;另精密称取阿司匹林对照品 20mg,精密称定,置 200ml 量瓶中,加 1‰ 的冰醋酸甲醇溶液强烈振摇溶解并稀释至刻度,摇匀,同法测定。按外标法以峰面积计算,即得。

$$\text{含量}\% = \frac{A_{样} \times W_{对}/200 \times \text{平均片重}}{A_{对} \times W_{样}/100 \times 0.1} \times 100\% \qquad 公式⑥$$

式中 $A_{样}$——样品的峰面积;

$W_{对}$——阿司匹林对照品称样量,g;

$A_{对}$——阿司匹林对照品的峰面积;

$W_{样}$——样品的称样量,g;

0.1——标示量。

6. 相关文件与记录

《阿司匹林肠溶片检验记录》　　　　R-QC-01-001

《阿司匹林肠溶片检验报告》　　　　B-QC-01-001

《微生物限度检查记录》　　　　　　R-QC-01-128

五、 实训巩固任务

教师提供阿司匹林栓的质量标准,要求学生制订阿司匹林栓的检验标准操作规程。

参考答案:

阿司匹林栓检验标准操作规程

起草人		日期	20 年 月 日
审核人		日期	20 年 月 日
批准人		日期	20 年 月 日
生效日期	20 年 月 日	颁发部门	质量部
分发部门	质量控制部		

1. 目的

建立阿司匹林栓检验标准操作规程,规范阿司匹林栓检验操作。

2. 范围

适用于阿司匹林栓的检验。

3. 依据

《中国药典》2010 版二部

4. 职责

4.1　起草:QC　审核:QA　批准人:质量负责人。

4.2　QC 实施本规程。

4.3　QA 监督本规程的实施。

5. 内容

5.1　性状

本品为乳白色或微黄色的栓剂。

5.2　鉴别

5.2.1　仪器及试液

一般实验仪器和高效液相色谱仪。

三氯化铁试液:三氯化铁 9g,加水使溶解成 100ml,即得。

5.2.2　分析步骤

取本品适量(约相当于阿司匹林 0.6g),加乙醇 20ml,微温使阿司匹林溶解,置冰浴中冷却 5 分钟,并不断搅拌,滤过,滤液置水浴上蒸干,残渣照阿司匹林项下的鉴别(一)2 项试验,显相同的结果。

5.3　检查

5.3.1　游离水杨酸

5.3.1.1　仪器及试液

一般实验仪器、十万分之一天平和高效液相色谱仪。

1%冰醋酸甲醇溶液：取1ml冰醋酸加甲醇稀释至100ml，即得。

5.3.1.2 分析步骤

除检测波长改用300nm外，照含量测定项下的方法，取水杨酸对照品，用乙醇制成每1ml中含15μg的溶液，作为对照品溶液。精密量取10μl，注入液相色谱仪，记录色谱图；精密量取含量测定项下的续滤液适量，用乙醇稀释制成每1ml中含0.5mg的溶液，精密量取10μl，注入液相色谱仪，记录色谱图，按外标法以峰面积计算，含游离水杨酸不得过阿司匹林标量的3.0%。

5.3.2 其他 应符合栓剂项下有关的各项规定（附录ⅠD）。

5.4 含量测定

照高效液相色谱法测定。

5.4.1 仪器

一般实验仪器、十万分之一天平和高效液相色谱仪。

5.4.2 色谱条件与系统适用性试验

用十八烷基硅烷键合硅胶为填充剂；甲醇-0.1%二乙胺水溶液-冰醋酸（40∶60∶4）为流动相；检测波长为280nm。理论板数按阿司匹林峰计算不低于2000，阿司匹林峰、水杨酸峰和内标物质峰的分离度应符合要求。

内标溶液的制备 取咖啡因，加乙醇制成每1ml中含4mg的溶液，即得。

5.4.3 分析步骤

取本品5粒，精密称定，置小烧杯中，在40～50℃水浴上微温熔融，在不断搅拌下冷却至室温，精密称出适量（约相当于阿司匹林0.15g），置50ml量瓶中，精密加内标溶液5ml与乙醇适量，在40～50℃水浴中充分振摇使供试品溶解，用乙醇稀释至刻度，置冰浴中冷却1小时，取出迅速滤过，精密量取续滤液2ml，置50ml量瓶中，用乙醇稀释至刻度，摇匀，取10μl注入液相色谱仪，记录色谱图；另取阿司匹林对照品约0.15g，精密称定，置50ml量瓶中，精密加内标溶液5ml，用乙醇溶解并稀释至刻度，摇匀，精密量取2ml，置50ml量瓶中，用乙醇稀释至刻度，摇匀，同法测定。按内标法以峰面积计算，即得。

6. 相关文件与记录

《阿司匹林栓检验记录》　　　　R-QC-01-001
《阿司匹林栓检验报告》　　　　B-QC-01-001
《微生物限度检查记录》　　　　R-QC-01-128

＊＊＊＊＊＊＊＊＊＊＊结束＊＊＊＊＊＊＊＊＊＊＊

项目十二 如何进行验证

>>> ## 任务一 验证案例分析

一、实训目标

知识目标
掌握验证的概念、内容、分类及各自的应用范围。

技能目标
能区分验证与确认验证的不同；掌握验证的程序。

素质目标
培养学生认真、科学的从业精神；培养学生良好的职业素质。

二、实训情景

1. 准备实训所需各种材料。
2. 具备互联网的仿真教室，学生分组讨论。
3. 师生互动。

三、相关知识

验证：证明任何操作规程（或方法）、生产工艺或系统能够达到预期结果的一系列活动。

确认：证明厂房、设施、设备能正确运行并可达到预期结果的一系列活动。

《药品生产质量管理规范（2010年修订）》第七章对确认与验证有关规定如下。

第一百三十八条 企业应当确定需要进行的确认或验证工作，以证明有关操作的关键要素能够得到有效控制。确认或验证的范围和程度应当经过风险评估来确定。

第一百三十九条 企业的厂房、设施、设备和检验仪器应当经过确认，应当采用经过验证的生产工艺、操作规程和检验方法进行生产、操作和检验，并保持持续的验证状态。

第一百四十条 应当建立确认与验证的文件和记录，并能以文件和记录证明达到以下预定的目标：

（一）设计确认应当证明厂房、设施、设备的设计符合预定用途和本规范要求；
（二）安装确认应当证明厂房、设施、设备的建造和安装符合设计标准；
（三）运行确认应当证明厂房、设施、设备的运行符合设计标准；
（四）性能确认应当证明厂房、设施、设备在正常操作方法和工艺条件下能够持续符合标准；
（五）工艺验证应当证明一个生产工艺按照规定的工艺参数能够持续生产出符合预定用途和注册要求的产品。

第一百四十一条　采用新的生产处方或生产工艺前,应当验证其常规生产的适用性。生产工艺在使用规定的原辅料和设备条件下,应当能够始终生产出符合预定用途和注册要求的产品。

第一百四十二条　当影响产品质量的主要因素,如原辅料、与药品直接接触的包装材料、生产设备、生产环境(或厂房)、生产工艺、检验方法等发生变更时,应当进行确认或验证。必要时,还应当经药品监督管理部门批准。

第一百四十三条　清洁方法应当经过验证,证实其清洁的效果,以有效防止污染和交叉污染。清洁验证应当综合考虑设备使用情况、所使用的清洁剂和消毒剂、取样方法和位置以及相应的取样回收率、残留物的性质和限度、残留物检验方法的灵敏度等因素。

第一百四十四条　确认和验证不是一次性的行为。首次确认或验证后,应当根据产品质量回顾分析情况进行再确认或再验证。关键的生产工艺和操作规程应当定期进行再验证,确保其能够达到预期结果。

第一百四十五条　企业应当制订验证总计划,以文件形式说明确认与验证工作的关键信息。

第一百四十六条　验证总计划或其他相关文件中应当作出规定,确保厂房、设施、设备、检验仪器、生产工艺、操作规程和检验方法等能够保持持续稳定。

第一百四十七条　应当根据确认或验证的对象制定确认或验证方案,并经审核、批准。确认或验证方案应当明确职责。

第一百四十八条　确认或验证应当按照预先确定和批准的方案实施,并有记录。确认或验证工作完成后,应当写出报告,并经审核、批准。确认或验证的结果和结论(包括评价和建议)应当有记录并存档。

第一百四十九条　应当根据验证的结果确认工艺规程和操作规程。

四、验证案例分析实训过程

步骤一:老师用日常生活中的例子进行提问,从而启发学生对验证的认识。

问题1:以手机为例,手机说明书上指出,手机电池待机时间为72小时,如何证明此手机电池待机时间为72小时?

问题2:以冰箱为例,冰箱说明书上指出,冰箱空载时,其冷冻室在1h之内就可以达到−10℃;冰箱冷冻室满载时在2h之内就可以达到−10℃,如何证明此冰箱能够达到说明书的要求?

步骤二:学生回答

就上述问题,让学生以组为单位进行讨论,然后按组对所提问问题进行回答。

步骤三:老师总结

老师对学生回答进行总结,最终目的是要引出验证这个核心概念。

步骤四:概念引申

以日常生活中存在的验证为例,把验证概念引伸到制药行业中来。

步骤五:再次引申

以制药行业发生的药品安全事故为案例,引出验证的意义。学生掌握验证的意义是本项目的重点内容。

实际案例:药品公共安全事件典型案例——"欣弗事件"

◇事件发生:2006年7月22日,青海省食品药品监督管理局开始收到使用安徽华源克林霉素磷酸酯葡萄糖注射液(商品名"欣弗")的不良反应报告。7月28日,国家食品药品监督管理局ADR中心获知事件情况。

7月29日,国家食品药品监督管理局ADR中心专家参加青海省专家的讨论会。专家一致认为：该严重不良反应事件与安徽华源克林霉素磷酸酯葡萄糖注射液存在较为明确的关联关系。随后数日，又陆续收到其他地区发生的类似事件。

8月4日，国家食品药品监督管理局在全国采取紧急措施，全国范围内停用安徽华源克林霉素磷酸酯葡萄糖注射液（商品名"欣弗"）。

◇案例真相：8月15日，国家食品药品监督管理局通报调查结果：安徽华源违反规定生产克林霉素磷酸酯葡萄糖注射液，未按批准的工艺参数灭菌，是导致这起不良事件的主要原因。

◇事件后果：截至2006年8月19日，"欣弗"已导致11人死亡，上百人病危。

◇案例教训：

- 对灭菌的认识不正确
- 产品研发未考虑灭菌工艺的可行性，工艺变更时未进行验证或再验证
- 忽视工艺的可行性，盲目跟风报批
- 注射剂用原料药的杂质控制不严
- 忽视产品的安全性。

五、实训巩固任务

1. 每组利用网络资源进行搜集与验证有关的药品安全事故案例资料，然后每组制作PPT进行分组展示。
2. PPT进行展示时，主要分析此药品安全事故案例发生的原因和对策，其他各组要进行点评。
3. 老师总结各组PPT展示。
4. 最终的结论是什么？

>>> 任务二　验证方案解析

一、实训目标

知识目标

掌握验证的一般步骤。

技能目标

会进行具体验证操作；会起草验证方案；会起草验证报告。

素质目标

培养团队合作精神和分工合作职业素质。

二、实训情景

1. 准备实训所需各种材料。
2. 具备互联网的仿真教室，学生分组讨论。
3. 师生互动。

三、相关知识

验证实施的一般步骤：

1. 建立验证机构

制药企业应指定专职机构或职能部门负责验证管理的日常工作。根据不同的验证对象，分别建立由各有关专业部门组成的验证小组，受企业验证总负责人，即主管验证工作的企业负责人领导。

2. 提出验证项目

验证项目由各有关部门如生产、质量保证、质量控制、工程部门或验证办公室提出申请，经验证总负责人批准后立项。制药企业在验证前必须确定一个总的验证计划，这个验证计划包括验证的对象（验证项目）、验证的范围及验证时间进度表。

3. 制订验证方案

验证方案由专职机构验证办公室或验证委员会管理。验证方案的主要内容包括验证对象、验证的目标和范围、验证的要求与内容、所需的条件、质量标准和测试方法以及时间进度，并应附有所需的原始记录要求和表格，明确实验的批次数。

4. 验证的实施

验证的实施需由几个职能部门共同参与，经批准的验证方案，由验证委员会组织力量实施。实施过程可以按安装验证、运行验证、性能验证、工艺验证、产品验证等阶段进行，并做好各阶段的验证报告。

5. 验证结果的临时性审批

因为验证的书面总结和审批常需较长的时间，所以在验证实验完成后，若结果正常，验证总负责人可以临时批准已验证的生产工艺及产品投入生产。产品验证中生产的试产品必须在最终验证报告批准后，方可报质量管理部门批准投放市场。

6. 验证报告及其审批

验证委员会分别按各自分工写出验证报告草案，由验证委员会汇总，并与验证总负责人分析研究后，完成正式验证报告及其缩写本。验证总负责人根据验证方案的内容，对验证报告加以核对和审查，然后批准并签署，同时也完成各成员会签。缩写本可供企业负责人及药品监督管理人员查阅。

7. 发放验证证书

验证报告审批通过后，由验证总负责人签署验证合格证书，说明该项验证工作完成。验证合格证书会同验证报告（或）缩写本可复制若干份，其中一份存档，其余分发各有关部门。已验证的项目及相应的管理文件可交付正常使用。

8. 验证文件的管理

依据中国《药品生产质量管理规范（2010年修订）》第一百四十八条规定，确认或验证应当按照预先确定和批准的方案实施，并有记录。确认或验证工作完成后，应当写出报告，并经审核、批准。确认或验证的结果和结论（包括评价和建议）应当有记录并存档。

验证全过程的记录、数据和分析内容均应以文件形式保存，文件包括以下内容。

① 验证总计划。
② 验证项目及日期。
③ 验证目的。
④ 验证方案及批准人。

四、验证方案解析实训过程

（一）老师以制药企业实际验证案例为例，讲解如何起草验证方案。

（二）老师以制药企业实际验证案例为例，讲解如何起草验证报告。

验证方案案例——某制药企业发酵灭菌工艺验证方案

××××××××××制药公司
发酵灭菌工艺验证方案
编号×××××××××
××××验证小组
验证方案审批表

编号

程序 \ 审批	部门	签名	日期	备注
起草				
会审签字	生产部		年 月 日	
	质量管理部		年 月 日	
	设备部		年 月 日	
	仪表计量室		年 月 日	
批准	验证领导小组组长		年 月 日	
最终批准	验证总负责人		年 月 日	
备注				

目　录

1　概述
2　验证小组成员及职责分工
3　验证实施日期
4　文件验证
5　验证实施
5.1　热分布及热穿透试验
5.2　微生物灭菌指示剂验证
6　验证过程中的偏差描述
7　验证评价
8　建议

1　概述

1.1　系统描述：发酵灭菌采用高压蒸汽灭菌方式，在灭菌过程中，生产罐内通入蒸汽，使罐温升到119℃，维持温度（119±2）℃，时间（20±3）min，达到灭菌的要求。

1.2　验证目的

1.2.1　检查并验证被灭菌设备安装符合设计要求，资料和文件符合GMP的管理要求。

1.2.2　调查并验证被灭菌设备的运行性能，看装载情况下被灭菌设备不同位置的热分布状况。

1.2.3　验证被灭菌物品在预定的灭菌程序下，满足GMP的要求。

1.3　验证范围

所有种子罐和发酵罐。

1.4　依据标准

消毒岗位标准操作规程××××××××××。

1.5　可接受标准

1.5.1 热分布试验：各测试点差值应≤±2℃。
1.5.2 微生物挑战试验：微生物指示剂，培养后应不变色。
2 验证小组成员及职责分工

部门	人员	职 责
质量管理部	刘××	验证小组组长，负责验证方案的起草，组织方案实施；组织标准操作规程的起草、修订以及验证报告的汇总工作
质量管理部	谢××	负责组织、制定检测标准；负责整理相关资料及文件
设备管理部	牛××	负责本验证过程中所用设备的相关实施工作；保证验证工作顺利实施
电气室	张××	负责对本过程中所涉及电气设备的相关工作；保证验证工作顺利实施
仪表计量室	邓××	负责对本过程中所用仪器、仪表等相关计量器具的校验；保证验证工作顺利实施
生产管理部	魏××	配合验证工作的实施；负责生产调度和协调工作
制造一部	王××	负责本验证方案的具体实施工作，负责提供人员，包括对设备的清洁、操作；负责收集验证数据

3 验证实施日期
　　　年 月 日—年 月 日
4 文件验证
消毒岗位标准操作规程××××××××××
5 验证实施
5.1 热分布及热穿透试验
5.1.1 热分布测试
测试目的：检查被灭菌设备腔内的热分布情况，检查箱腔内可能存在的冷点。
5.1.2 验证仪器的校正

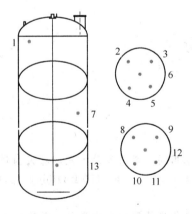

图 1 温度分布点示意图

验证仪器	温度记录器	型 号	
生产厂家		出厂编号	
校正单位		校正结果	
校正人		校正日期	
结 论			

5.1.3 空载热分布

测试过程：取 13 支经过校验的温度记录器，将其中 1 支的探头置于被灭菌设备的蒸汽进气口处，1 支探头置于被灭菌设备排气口处，1 支探头置于被灭菌设备的温度控制和记录的探头旁边，其余温度记录器均匀分布在腔内的各处，见图 1。开启被灭菌设备，按照标准程序（消毒岗位标准操作规程）进行，运行过程中记录仪器记录各个点的温度连续运行 3 次，检查其重现性。

运行结果：

评价人_____ 日期_____

复核人_____ 日期_____

5.1.4 满载热穿透测试过程：取 13 支经过校正的温度记录器，将其中 1 支的探头置于进气口处，1 支探头置于排气口处，1 支置于温度探头旁边，其余的温度记录器均匀分布在腔内装载的各处。将被灭菌设备内按工艺规程规定，加入水至消前体积。开启蒸汽，按照消毒岗位标准操作规程进行灭菌，维持（119±2）℃，运行 20 分钟，运行过程中记录各个点的温度。连续运行 3 次，以检查其重现性。

运行结果：

评价人_____ 日期_____

复核人_____ 日期_____

5.2 微生物灭菌指示剂验证

5.2.1 验证菌选择：奥星公司灭菌指示剂 Prospore Ampoule，含量 $1×10^6$ CFU/支。

5.2.2 验证方法

取灭菌指示剂 13 支，均匀分布于被灭菌设备的各层位置，其中三支置于热穿透试验的最冷点，按照消毒岗位标准操作规程进行灭菌操作，温度（119±2）℃，灭菌时间 20 分钟。经过一个灭菌周期后，取出嗜热脂肪芽孢杆菌指示剂，放入小烧杯，密闭于恒温水浴锅中，在（60±2）℃培养 24 小时，观察嗜热脂肪芽孢杆菌指示剂变色情况。同时将未灭菌的嗜热脂肪芽孢杆菌指示剂进行培养，作阳性对照。连续试验三次。

测试结果见有关附录。

结果判定及评价：_____

（每次检测中，每支嗜热脂肪芽孢杆菌指示剂呈蓝紫色为合格，指示剂之一呈黄色为不合格）。

验证结论：

评价人_____ 日期_____

复核人_____ 日期_____

6 验证过程中的偏差描述

7 验证评价

评价人_____ 日期_____

复核人_____ 日期_____

8 建议

建议人_____ 日期_____

批准人_____ 日期_____

恒温培养箱
验 证 报 告
×××××制药有限公司
2008年10月

恒温培养箱
验 证 方 案

方案制订

签名	部门	日期

方案审核

签名	部门	日期

方案批准

签名	部门	日期

目　　录

1　引言

2　验证的人员及职责

3　安装验证

4　运行验证

5　性能验证

6　验证周期

7　验证数据分析

8　验证结果分析与评价

1　引言

1.1　概述：本设备适用于细菌培养及其他恒温试验用。工作室内空气靠冷热空气对流原理对流，开启箱顶排气风顶可以使室内空气得到变换。

温度控制采用智能型数字温度控制器，其功能齐全，使用方便，是模拟式数显温控仪的最佳更新换代产品。

1.2　主要技术参数

1.2.1　工作温度：0～55℃

1.2.2　波动温度：±0.7℃

1.3　验证目的

1.3.1　通过对电热恒温培养箱的空载、满载热分布的研究，验证培养箱内控温精度符合要求。

1.3.2　通过对电热恒温培养箱的空载、满载热分布的研究，验证培养箱内热均温精度符合要求。

1.4 验证要求

1.4.1 验证前必须对电热恒温培养箱进行安装、运行验证,符合设计要求。

1.4.2 验证前必须对设备所用仪表进行校验,且在有效期内。

1.4.3 验证所用的清洁器具和玻璃容器应按SOP程序清洁并符合要求。

1.5 验证合格标准

1.5.1 控温精度:±0.7℃。

1.5.2 均温精度:±1℃。

2 验证的人员及职责

部 门	人员	职 责
制造一部		验证小组组长,负责验证方案的起草,组织方案实施;组织标准操作规程的起草、修订以及验证报告的汇总工作
质量管理部		负责组织、制订检测标准;负责整理相关资料及文件
设备管理部		负责本验证过程中所用设备的相关实施工作;保证验证工作顺利实施
电气室		负责对本过程中所涉电气设备的相关工作;保证验证工作顺利实施
仪表计量室		负责对本过程中所用仪器、仪表等相关计量器具的校验;保证验证工作顺利实施
生产管理部		配合验证工作的实施;负责生产调度和协调工作
制造五部		负责本验证方案的具体实施工作,负责提供人员,包括对设备的清洁、操作;负责收集验证数据

3 安装验证

3.1 外观检查

仪器配有仪器名称、型号、制造厂名、出厂日期和仪器编号等标志。

3.2 检查安装验证所需文件资料配备情况是否齐全及符合要求

序号	资料名称	是否齐全	存放处
1	设备开箱验收单	齐全	设备部
2	设备产品合格证	齐全	设备部
3	产品质量保修卡	齐全	设备部
4	恒温培养箱使用说明书	齐全	制造一部菌种岗位
5	恒温培养箱标准操作规程	齐全	制造一部菌种岗位

验证结论:该生化培养箱(THA0806656)所需文件资料配备齐全且符合要求。

验证人: 验证时间: 年 月 日

3.3 恒温培养箱的安装条件检查记录

恒温培养箱的安装条件检查记录

生产厂家	韶关市泰宏医疗器械有限公司	名称	生化培养箱
型号	LRH-250A-Ⅱ	设备编号	THA0806656
安装条件要求		实际安装条件	
额定电压	220V 50Hz		220V
安装平稳性	安装平稳,用力不会摇动		安装平稳,用力不会摇动但可移动
接地情况	箱体外壳一定要可靠接地		有可靠接地

验证结论：该生化培养箱（THA0806656）实际安装条件符合安装条件要求。

验证人：　　　　　　　　　　　　　　　　验证时间：　　年　月　日

4　运行验证

验证小组在安装验证完成后，应按照"恒温培养箱标准操作规程"，使设备进行运转，重点对设备运转状态下是否符合设计要求进行测试。

检查电热恒温培养箱运行情况

运行情况

项　目	验证标准	实测记录
通电情况	接触良好	
设备运行情况	运行稳定、无异常情况	

验证结论：据实测记录该生化培养箱（THA0806656）运行正常。

验证人：　　　　　　　　　　　　　　　　验证时间：　　年　月　日

5　性能验证

5.1　控温精度：应为±0.7℃。

热恒温培养箱温度计插孔内插一支经校正过的0.1分度的温度计，接通电源，打开电源开关，快速点按蓝键SET键一次（此时上排显示SP），按黄键∧或∨把下排的数值调节成37℃，再按两次蓝键SET键，此时上排显示箱内实际温度，等箱内实际温度与设定值一致60分钟后读取温度计上的温度，然后每隔6分钟读一次，半小时内温度波动应小于1℃，先空载进行测试，合格后再进行满载测试，此项测量与5.2同时进行。

空载测试

测量次数	1	2	3	4	5
温度					
温度波动范围					

验证结论：

验证人：　　　　　　　　　　　　　　　　验证时间：　　年　月　日

满载测试

测量次数	1	2	3	4	5
温度					
温度波动范围					

验证结论：

验证人：　　　　　　　　　　　　　　　　验证时间：　　年　月　日

5.2　均温精度：应为±1.0℃。

在生化培养箱内四角各放一支经校正过的0.5分度的留点温度计，接通电源，打开电源开关，调节温度设定开关，使温度显示37℃，然后将开关扳至测量挡，开始工作，当温度显示器上温度恒定基本不动60分钟后，取出温度计读取读数，其最高温度与最低温度之差应小于2.0℃。先空载进行测试，合格后再进行满载测试。

空载测试

温度计编号	1	2	3	4
温度显示				
最高温度与最低温度之差				

验证结论：

验证人：　　　　　　　　　　　　　　　　验证时间：　　年　月　日

满载测试				
温度计编号	1	2	3	4
温度显示				
最高温度与最低温度之差				

验证结论：

验证人：　　　　　　　　　　　　　　验证时间：　　年　　月　　日

6　验证周期

6.1　一般情况下，每年验证一次。

6.2　如设备发生改变与异常，或改变培养温度范围，必须进行再验证。

7　验证数据分析

空载热分布、满载热分布结果均应符合验证合格标准。如有少量数据超过上述标准，则应由设备工程部、质量管理部共同进行分析，找出不合格原因，修订验证方案，再实施，直至符合验证标准。

8　验证结果分析与评价

通过对生化培养箱（THA0806656）安装、运行、性能的验证，完全符合设计使用要求，能够达到生产用菌种培养、无菌检查等要求。

　　　　　　　　　　　　　　　　评价人：　　　　　　　日期：

五、实训巩固任务

1. 老师以班为单位，以组为基础，给每一个小组布置不同的验证题目，要求写出模拟验证方案。

2. 老师以班为单位，以组为基础，给每一个小组布置不同的验证题目，要求写出模拟验证报告。

任务三　制订电子天平验证方案

一、实训目标

知识目标

掌握验证的内容及过程。

技能目标

参照说明书，会对电子天平进行验证，且写出验证方案。

素质目标

培养学生合作精神。

二、实训情景

1. 准备实训所需器材。

2. 准备用于记录的资料。

三、相关知识

电子天平：用电磁力平衡被称物体重力的天平称之为电子天平。其特点是称量准确可靠、显示快速清晰并且具有自动检测系统、简便的自动校准装置以及超载保护等装置。

四、起草验证方案实训过程

（一）制订验证方案

验证方案包括验证项目名称、实施单位、实施时间及验证方案的制订、审核和批准。

＊＊＊电子天平验证方案
＊＊＊＊＊＊制药有限公司
年　　月

方案制订

签名	部门	日期

方案审核

签名	部门	日期

方案批准

签名	部门	日期

（二）验证操作

1　概述（可根据实际情况进行调整）

1.1　内容简介：该天平除了称量，去皮和校准外，在基本称量操作中还具有可激活计件、百分比称量、动态称量功能。

1.2　使用条件

使用环境温湿度　温度：10～30℃。湿度：15％～80％。

1.3　技术数据

1.3.1　最大称量范围

1.3.2　重复性

1.4　验证目的及合格标准

1.4.1　最大允许误差测定：新品或修理后天平，分度值0.1mg，最大允许误差为0.5mg；分度值为0.01mg，最大允许误差为0.05mg。使用中的天平最大允许误差可以放宽1倍。

1.4.2　重复性误差测定：同一载荷多次衡量结果之间的差值不得超过天平在该载荷时的最大允许误差的绝对值。

1.4.3 四角误差测定　砝码加在秤盘不同位置上,天平的示值均应保持在最大允许误差之内。即分度值为 0.1mg 者,四角误差应不大于 0.5mg,分度值为 0.01mg 者,四角误差应不大于 0.05mg。

2　验证的人员及职责

验证小组职务	姓　名	验证工作职责
验证负责人		
组长		
组员		

3　安装验证

3.1　包装验证

验证内容	可接受标准	验证结果
设备外包装	包装不破损,设备表面及仪器精度未受到破坏	
仪器外观	仪器应有完整的标志(名称、型号、出厂编号、制造厂和出厂日期等)。外观完好,附件齐全,连接可靠。各调节旋钮或按键应能正常工作	

验证人：　　　　　　　　　验证日期：

3.2　设备验证

验证内容	可接受标准	验证结果
设备名称	电子天平	
设备型号	＊＊＊	
设备编号		
设备级别		
生产厂家		

验证人：　　　　　　　　　验证日期：

3.3　安装过程验证

验证内容	可接受标准	验证结果
安装步骤	规范合理	
安装环境	气流稳定无腐蚀性物质	
安装位置	稳定,无振动,无阳光直射	

验证人：　　　　　　　　　验证日期：

3.4　仪器有关文件

验证内容	是否齐全	存放地点	验证结果
采购定单		供应部	
仪器说明书		化验室	
合格证		化验室	
设备装箱清单		化验室	

验证人：　　　　　　　　　验证日期：

3.5　验证结论　将验证结果与可接受标准进行比较、分析,如果设备安装验证满足预先所设定的标准,符合要求,可以进行下一步设备运行验证。

结论:
　　　　　　　　　验证人:　　　　　　　　　验证日期:

4　运行验证

4.1　标准操作程序验证

程序名称	可接受标准	程序编号	验证结果
电子天平操作规程	已建立并批准相关操作人员已被培训		

　　　　　　　　　验证人:　　　　　　　　　验证日期:

4.2　操作验证

4.2.1　接通电源

4.2.2　天平的校正

项目	标　　准	验证结果
调节水平	水平泡调节至中央时	
天平预热	天平必须通电60分钟以获得稳定的工作温度	
校准	外部砝码校准	

　　　　　　　　　验证人:　　　　　　　　　验证日期:

4.2.3　验证结论　如果所有验证结果均符合规定的要求,则进行下一步的性能验证。

　　　　　　　　　验证人:　　　　　　　　　验证日期:

5　性能验证(以下是以最大称量100g举例,实际可根据天平实际情况进行调整)

5.1　最大允许误差　当天平空载时,不论是加载或卸载,在零与最大称量之间任一载荷,其最大允许误差不超过规定。天平在不自动回零的情况下,载荷从零开始,逐渐往上加,直到最大称量;再从最大称量往下减,直至零载荷。在这过程中,记下每次加(减)载天平的示值,与砝码的实际质量比较,得出各个载荷点的误差,其误差不得超过上述最大允许误差,测量点数在常规检查时不少于5点。

温度:　　　　　　　　湿度:

序号	名义值	实测值	误差
1	0.0000		
2	50.0000		
3	100.0000		
4	50.0000		
5	0.0000		

结论:

　　　　　　　　　验证人:　　　　　　　　　验证日期:

5.2　重复性误差　将50g的砝码放在天平上重复称10次,看其重复性偏差

测量次数	1	2	3	4	5	6	7	8	9	10	误差

结论:

　　　　　　　　　验证人:　　　　　　　　　验证日期:

5.3　四角误差　将50g的砝码放在天平称盘的不同位置上(对于圆形秤盘,砝码应放在中心、前、后、左、右五个位置。对于方形秤盘,砝码应放在中心、左前角、左后角、右前角、右后角五个位置。)。四角误差等于各点示值与中心点示值之差中的最大者。

测量位置	前	中	左	右	后	误差

结论：

验证人：　　　　　　　　　　　　　　验证日期：

6　再验证周期

6.1　一般情况下，每年验证一次。

6.2　如其仪器维修后必须再验证。

6.3　设备长期闲置，重新启用。

7　验证结果分析与评价

评价人：＿＿＿＿＿＿　　　　日期：＿＿＿＿＿＿

五、实训巩固任务

1. 每组按照实训过程，写出实训报告。

2. 老师结合企业实际生产过程和校内实训条件，给每组不同的验证题目，让学生以组为单位，写出实训方案。

参 考 文 献

[1] 邓海根主编. 制药企业 GMP 管理实用指南. 北京：中国计量出版社，2000.
[2] 李钧主编. 药品 GMP 实施与认证. 北京：中国医药科技出版社，2001.
[3] 朱世斌主编. 药品生产质量管理工程. 北京：化学工业出版社，2001.
[4] 李钧编著. 实用药品 GMP 认证技术. 北京：化学工业出版社，2003.
[5] 李钧等编. 药品清洁生产与绿色认证技术. 北京：化学工业出版社，2003.
[6] 中国化学制药工业协会/中国医药工业公司. 药品生产质量规范实施指南. 第 2 版. 北京：化学工业出版社，2003.
[7] 国家食品药品监督管理局药品安全监管司药品认证管理中心组织编写. 药品生产验证指南. 北京：化学工业出版社，2003.
[8] 杨永杰，段立华主编. 制药企业管理与 GMP 实施. 第 2 版. 北京：化学工业出版社，2011.
[9] 罗文华主编. 药品生产质量管理. 北京：人民卫生出版社，2009.
[10] 周进东主编. 药品生产企业经营管理与实务. 北京：人民卫生出版社，2010.
[11] 梁毅主编. 最新药品生产企业 GMP 实务. 北京：军事医学科学出版社，2013.
[12] 张中社，郑剑玲主编. 药品 GMP 实务. 西安：西安交通大学出版社，2012.